国家出版基金项目
NATIONAL PUBLICATION FOUNDATION

重考古今僞書考

顧實◎著

山西出版傳媒集團
山西人民出版社

圖書在版編目(CIP)數據

重考古今僞書考 / 顧實著. -太原: 山西人民出版社, 2014.12
(近代名家散佚學術著作叢刊 / 許嘉璐主編)
ISBN 978-7-203-08875-2

Ⅰ. ①重… Ⅱ. ①顧… Ⅲ. ①古籍-僞書-考證-中國 Ⅳ. ①G256.22

中國版本圖書館CIP數據核字(2014)第289782號

重考古今僞書考

主　　編　許嘉璐
著　　者　顧　實
責任編辑　梁晉华
助理编辑　張　潔

出 版 者　山西出版傳媒集團·山西人民出版社
地　　址　太原市建設南路21號
郵　　編　030012
發行營銷　0351-4922220　4955996　4956039
　　　　　0351-4922127(傳真)　4956038(郵購)
E-mail　sxskcb@163.com　發行部
　　　　　sxskcb@126.com　總編室
網　　址　www.sxskcb.com

經 銷 者　山西出版傳媒集團·山西人民出版社
承 印 廠　山西出版傳媒集團·山西人民印刷有限責任公司

開　　本　700mm×970mm　1/16
印　　張　8.5
字　　數　72千字
印　　數　1—3000冊
版　　次　2014年12月　第1版
印　　次　2014年12月　第1次印刷
書　　號　ISBN 978-7-203-08875-2
定　　價　21.00圓

出版説明

近代名家散佚學術著作叢刊選取一九四九年以後未再刊行之近代名家學術著作共一百二十册，編例如次：

一、本叢書遴選之著作在相關學術領域具有一定的代表性，在學術研究方向、方法上獨具特色。

二、爲避免重新排印時出錯，本叢書原本原貌影印出版。影印之底本皆經專家組審定，原書字體大小，排版格式均未做大的改變，原書之序言、附注皆予保留。

三、本叢書分爲八大類，以作者生卒年編次。

四、爲使叢書體例一致，本叢書前言後記均采用繁體字排版。

五、個別頁碼較少的版本，爲方便裝幀和閱讀，進行了合訂。

六、少數學術著作原書内容有個别破損之處，編者以不改變版本内容爲前提，部分進行修補，難以修復之處保留缺損原狀。

七、原版書中個别錯訛之處，皆照原樣影印，未做修改。

八、所選版本之抽印本頁碼標注，起始至所終頁碼均照原樣影印，未重新編排標注新頁碼。

由於叢書規模較大，不足之處，殷切期待方家指正。

總序/

披沙瀝金，以爲鏡鑒

◇許嘉璐

多年來有一個問題始終在我腦中盤桓：爲什麽在十九世紀末到二十世紀初，在短短的幾十年裏，中國的各個學術領域竟湧現了那麽多大師級的人物？這是中國近代史上一個極爲重要的現象，我認爲，如果不能給出令人滿意的答案，我們撰寫的近代學術史將是不完整的，甚至是缺乏靈魂的。後來我知道，著名人類學家克羅伯曾提出過一個問題：爲什麽天才成群地來？看來這種現象的出現並非中國所獨有，思考其所以然的也大有人在。而在那一次世紀之交中國的情况，似乎應驗了「天才成群地來」這個令克氏久久不解的疑問。錢學森先生曾從相反的方向提出了相同的疑問：爲什麽我們這個時代出現不了杰出人才？後來人們稱這個問題爲「錢學森之謎」。

要回答這些疑問不是件容易的事。與其迅速地囫圇地探尋，不如先多了解那些讓中國近代學術（應該包括人文科學和自然科學）史上閃耀着光輝的大師們的作品和自述，從而在腦海里盡量「復原」他們所處的環境和在那種環境下的心理路徑，從中或許可以得到一些啓示。

有一點是顯然的，這就是他們雖然都已遠離塵世而去，但是他們獨立思考的品性、求知治學的真誠、困厄窮愁中對節操的堅守，恐怕是他們共同的主觀因素，一直影響到現在，而且將會永遠留存下去。

就思想界、學術界而言，二十世紀上半葉是一個新説和舊説碰撞，中學和西學融匯的大時代。那時的學人極爲重視言行操守，同時具備現代知識分子的理想信念；他們的學術研究十分純净，絶少功利因素；他們的視界開闊，以包容的心態和嚴謹的風格造就了成果的大氣與厚重。至於在客觀因素一面，他們實際是在用工業化時代的事實解説着太史公所説的名山之作「大抵聖賢發憤之所爲作」，困厄苦難使得他們「皆意有所鬱結」。這種鬱結，幾乎和個人的名利毫無牽涉，他們永遠不能釋懷的，是民族的存亡、國運的興衰、民衆的福禍和文脈的續斷。

那個時代也是近代歷史上最大規模的中西古今學術調適、創新的時期，學術方法上的交互滲透和融合、創新亦可謂「於斯爲盛」。斯時之學人是要在封閉的屋墻上鑿出窗子的勇士，是使人能够看看外部世界的第一批導夫先路者；或者可以説，他們是在「意有所鬱結」時「彷徨」和「吶喊」的「狂人」。

相對於那時的哲人們，後來者是幸運兒。現在的形勢是，近三十年來學界空前繁榮，衆多學科有了長足之進，其中很重要的一點是學界有了更新穎、更廣闊的國際視野，似乎接續上了百年前的學壇盛事。但細想想，「古」與「今」還是有差别的。其异，主要不在於世界情勢、學術進展、工具改善這些客觀存在，而在於在廣泛吸收各國優長的同時，自身文化的主體性越來越受到重視，换言之，「拿來主義」已經延長了「拿來」的程序，加上了試用、甄别、篩選、吸收、融合、成長。就我孤陋所見，在當今地球上，面向所有異質文明，努力汲取我之所缺，其範圍之大和心態之切，似乎無出中國之右者。從這個角度説，我們已經超越了前輩。但是事情還有另外一面，學術，特别是人文學科，其職業化、「沙龍化」和功利性，以及隨之而來的浮躁病却嚴重了。從這個角度説，是不是我們已經後退得够可以的了？而這是不是我們這個時代出不了大師的原因之一呢？

民國學術界的特點之一是極爲注重對傳統的反省、批判與繼承。他們對傳統文化盡最大的努力進行整理和研究。一方面，由於戰亂頻仍，民不聊生，學者們擔起了讓中華文化薪火相傳的歷史責任；另一方面，他們要通過對中國傳統文化的整理，挖掘來重振民族自信心。這一時期對傳統文化進行整理的全面而深入是前所未有的，舉凡文字學、語言學、經濟學、法學、哲學、政治制度、書法繪畫、金石學……規模之宏大，研究之精微，令人嘆爲觀止。

民國學術推動了現代學科體系的建立。在對傳統文化整理和研究的基礎上，吸收西方的文化思想和理念，推動和建立了中國現代學科體系。例如，在對語言文字和音韻學成果進行整理、研究的基礎上開始着手規範之，建立了國語學；深入研究書法、國畫，將其融入了現代美術學科；在廢除舊有學制後逐步建立起小、中、大學較完整的科目和學科體系。

民國學術也改變了傳統學術方式，建立了新的研究範式。以現代科學考古爲發端，科研的實踐和成果使中國知識界真正認識到在實驗、比較基礎上的邏輯分析對學術研究的重要，推進了中國學術的一大演變。至於我們常説的打破士大夫傳統、走出書齋到田野鄉村和市民中進行調查研究、結束了經學時代、以歷史眼光檢視儒學和諸子等等，都是確立新學術範式的努力。這一轉變，也標誌着中國學術界脱胎换骨，全面進入了現代，爲此後的學術發展奠定了堅實的基礎。當然，西方啓蒙運動以來，在「現代性」和「現代化」裏潛伏着的缺陷和謬誤也傳到了中國，這些不能不在前哲的著作裏留下痕迹。這並不奇怪。類似的情況，古往今來孰能免之？猶如今天的我們，誰敢自稱我之所見就是永恒的真理？在這個問題上兩個時代所異者，或許就在昔時大家創立新説或譯註西學著作，往往是懷着對學術和前哲的敬畏而爲之，故而常常誤不在我；當今則往往出於對學問和他人的輕蔑，或以所研究的對象爲謀己的工具，因而難辭主觀之咎吧。翻閱他們的心血之作，這些復雜的狀況可以顯見，可以視之爲我們的一面鏡子。

滄海桑田，世事變幻，歷史的動盪和時代的遮蔽，使當年許多大師的一些極有價值的學術著作被棄於故紙堆中，不能不令人有遺珠之憾。爲此，山西人民出版社不惜以數年之艱辛，披沙瀝金，編輯出版這套近代名家散佚學術著作叢刊，凡一百二十册，計文學、史學、政治與法律、美學與文藝理論、民族風俗、宗教與哲學、經濟、語言文獻共八大類別。所選皆爲作者之純學術著作，無論是其見解、精神，抑或是其時代烙印，都是後輩學人可資借鑒的寶貴財富。他們出版這套叢書，意在讓世人不忘來程，知篳路藍縷之不易，爲民族文化的傳承再增薪木。

出版社的初衷，與我近年來所思所慮近似，故願略述淺見於書端，以與策劃者、編輯者和讀者共勉。

二〇一四年七月六日

改定於自安東回京途中

前言／二十世纪学术大厦散落的珍贵基石

◇李明君

二十世紀前期，注定是中國學術研究跨入現代科學發展風雲際會的時代，它基本上奠定了本世紀學術大厦的基礎。

進入二十一世紀後，當我們站在輝煌學術大厦的頂端，躊躇滿志地回眸近百年學術成果的時候，在大厦的上空，似乎迴旋着一種久已消逝的聲音；在大厦的背後，似乎散落着一些久已塵封的基石——它們，便是一些散佚的二十世紀前期的學術著作。這些在當時乃至後來都產生過重大影響的名家學術著作，一九四九年以後，基本上没有在大陸再版，因而逐漸沉没在忘卻的海洋裏。

七八十年之後，當我們拂去灰塵，重新審視這些散佚的學術著作時，才發現它們的價值是如此的珍貴，成果是如此的豐厚，研究是如此的深入，而傾注的情感又是那麽的深沉。重讀這些經典，彷佛是聆聽這些儒雅的學者給我們講述民國學術的蹉跎歲月，唤醒了我們久已淡忘的歷史記憶。

一、西學東漸與承前啓後

二十世紀前期，西風東漸，中西文化交流擴大，新知識、新觀念大量涌入我國。倡導科學精神與采用科學研究方法，不僅衝擊了中國原有的知識體系和思想觀念，更爲現代學術思想的更新和研究拓展了空間。

這一時期的學術研究集中地體現在繼承、清理傳統學術的「承續先哲將墜之業」和「開拓學術之區宇，補前修所未逮」（陳寅恪王静安先生遺書·序）兩個方面。學者們既是傳統學術的繼承者，又是現代學術的開拓者。

二、清理拓荒與學術奠基

辛亥革命之後，社會文明進步，文化教育普及，學術研究也力求使高深的學問向普及的大衆化知識轉化。故而，其時以基礎的和通論性的著作爲多見。

例如，邵鳴九的國音沿革六講、胡以魯的國語學草創、羅常培的國音字母演進史、吴貫因的中國文字之起源及變遷以及王力的漢字改革等即屬此類。

而論點集中的專題性論著，如王力的南北朝詩人用韵考、王光祈的中國詩詞曲之輕重律、白滌洲關中入聲之變化等，則以其研究深入和範疇擴展而更有價值。

這些學人以杰出的膽略、識見、才華，以及對本學科知識的通體了解，破除成見，大膽創新，開創了二十世紀學術發展的新局面。

三、學出多門與新式教育

這些學者們知識豐厚，見解獨到，憑藉着傳統文化的根底和新鋭的西方現代學術觀念，意氣風發地縱横文壇，在多個領域都有建樹。

他們大多具備深厚的國學修養：如夏敬觀爲清光緒年舉人，工詩善詞，兼治經學。盧冀野是曲學大師吴梅的門生，錢玄同爲國學大師章太炎的弟子。

而新式的學校教育和出國留學則直接學習西方科學的理論和方法，爲中國的學術研究注入了新的活力。

本編的作者們大多留學於歐美東洋，有過親炙現代學術導師和受現代學術訓練的經歷。如沈兼士、胡以魯、吳貫因等曾留學日本，王力留學法國，周傳儒有過英國劍橋、德國柏林大學的求學經歷，而王光祈則客居德國十多年，於政治經濟學與音樂學多有研究。

這些學者們歸國以後，或執教於高等學府教書育人，或投身於科研機構潛心工作，爲以後的著書立説進行知識的儲備。

本編中周傳儒、羅常培、顧實的著作即是在大學講義的基礎上創作的，白滌洲的關中入聲之變化也是在陝西關中四十二縣方言調查的基礎上撰成的。由於這些著作經過教學實踐和實地考察，因而研究成果扎實，學術含量深厚。

本編不少作者除音韵研究術有專攻之外：邵鳴九在傳統經學、幼兒教育、日本教育、地方行政教育、院校學科管理方面著述甚多；王光祈有音樂、戲劇、美術、國防、外交、政治方面的譯作論著幾十種；盧冀野於古代戲曲、詞曲、詩歌、小説、散曲、舊體詩等方面也著述豐厚。

民國學者知識廣博，師出多門，不囿一業，是一種非常普遍的現象。

四、資料功夫與科學解釋

王國維先生曾説：「古來新學問起，大都由於新發見。」（王國維最近二三十年中中國新發見之學問）掌握新資料，采用現代科學理論研究新問題，是二十世紀前期學術研究的鮮明特點。

民國初年，地不愛寶，考古新材料如殷墟甲骨、敦煌遺書、西陲簡牘相繼出現，爲現代學術研究提供了豐富的資料基礎。學者們充分利用考古新資料和西方現代音韵學研究的理論及方法，使語言文獻學的研究得到長足的發展。

例如，周傳儒的甲骨文字與殷商制度就利用了殷墟考古出土的甲骨文資料，魏建功的十韻彙匯編資料補並釋則利用了國內外的敦煌石窟、高昌古城發現的古韻書新資料。

而胡以魯采用現代人類學、心理學、生理學理論對語言的發生、變化以及口舌發音的科學解釋，王光祈將我國「平聲」之字與近代西洋語言之「重音」與古希臘文字之「長音」的比較，以及白滌洲采用幾十幅圖表反映關中方言入聲變化規律的研究，都令人耳目一新。

這些學者們在研究問題時采用的資料之豐富、理論之新穎、考察範圍之廣袤、考釋方法之縝密，都是傳統研究者所難以達到的。

五、良好的學術環境與端正的學術風氣

經過了六七十年的時空距離，我們似乎不得不承認一九二七年至一九三七年的這十年，雖然社會動盪、戰亂時起，但卻是中國學術發展環境、學者精神狀態與物質待遇都相對優越的年代。這十年間，中外學術交流頻繁，科學研究興盛，學術成果豐碩。本編作品，基本上都撰成或出版於這十年。

這期間學術研究的繁榮與發展主要表現在以下諸方面：

（一）前輩學者對新學者的推崇獎掖

民國初期，前輩學者對青年學子的獎掖成爲風氣：梁啓超就盛贊清華國學院學生王力的中國古文法爲「精思妙悟，可爲斯學辟一新途徑」。章太炎也稱譽胡以魯的新著爲「精微畢輸，黄中通理，其用心可謂周矣」（章炳麟國語學草創序）。而當時的胡以魯才僅僅是個留日歸國的本科學士。

（二）學術觀點表達自由，學術爭論視爲雅事

學術爭論是提高保持學術活力、學術質量，維護學術尊嚴的重要形式。學術爭論提倡百家爭鳴，以理服人。

學者周祖謨針對音韻學研究中固守舊説的現象，認爲「學者求知，貴得其真，豈可專己守殘，隨聲附和」（周祖謨古音有無上去二聲辨·字辨第五）。顧實也以「發明古籍之奧蘊，是正世儒之訛謬」（重考古今僞書考·蔣維喬序）的膽略，重考清代辨僞名著古今僞書考。

學者邵鳴九針對有人視唐代三十六字母與北宋廣韵爲金科玉律的觀點，風趣地説：從周到秦「若説這一千年之中，標準音一些也没有變，姬昌和嬴政竟可促膝而談，相説以解，恐怕没有這種情理」（邵鳴九國音沿革六講）。

那個時候，不僅學術評價實事求是，而且學者之間相互尊敬，有着良好的學術氛圍。

例如，沈兼士就「極爲感謝」李方桂、林語堂、魏建功等人對其「右文説」的專函討論，認爲「諸説均足訂補鄙見之不足」（沈兼士右文説在訓詁學上之沿革及推闡附識），體現了一種學人的雅量。

吴貫因針對拼音字母必將取代漢字的時論，力排衆議，認爲「全廢漢字，前途尚覺遼遠」（吴貫因中國文字之起源及變遷）。現代漢字發展證明他的預見是正確的。

（三）學風嚴謹，資料來源清楚

嚴謹的學風與註明資料來源，是學術品德高尚的表現。白滌洲在著作中附録的關中入聲變讀聲調譜部首索引，是自古以來傳統文獻所鮮見，而現代學術著作不可或缺的書籍檢索構成。

魏建功、邵鳴九、王力等學者在引用他人論述時，均説明來源，標明作者的時代、書名、篇章，對引文亦如實迻録，低兩格排印，以示鄭重。既不掠人之美，又無曲解原義。

（四）學風端正，著述言簡意賅

本文作者曾經統計了語言文字編的八九本著作的頁碼與字數：其中頁碼最多、書籍最厚者是胡以魯的國語學草創，一百四十七頁，頁碼最少、書籍最薄者爲王光祈的中國詩詞曲之輕重律僅四十一頁；而書籍字數最多者爲七萬三千多，最少者則不足二萬。

雖然這些書籍都很薄，但在撰寫中卻用力甚勤：學術内容豐厚，書籍章節完備，文字表述精準，毫無浮滑不實的繁言蔓詞和故作深奥的賣弄之嫌。

面對這些沉甸甸的精深之作，反觀時下動輒幾十萬言的「皇皇巨著」，學術水平的高下自然不難判斷。

六、憂患意識與書生報國

「位卑未敢忘憂國」這種偉大的愛國情懷，每當國家危難之時，無論在傳統文人還是在現代知識分子身上都表現得那麼深沉。

的確，在國難之時，挺身而出，積極參與，是一種非常可敬的愛國行爲。即如中國詩詞曲之輕重律的著者王光祈，就積極參加過四川的保路運動和北京的「五四」遊行、籌辦過「少年中國學會」，是一位熱情的社會活動家。廣中原音韻小令定格的著者盧冀野，抗戰期間創作的中興鼓吹曾分贈前綫將士，起到了鼓舞士氣的作用。

然而，就知識分子群體來説，絶大多數人則不可能奔赴疆場，那麼像明末清初的「易堂九子」那樣，「兄弟戚友保聚一地，相與從容講文論學於乾撼坤岌之際」（陳寅恪贈蔣秉南序），就是一種更爲深重地延續文脈、保存國粹的愛國行爲。即如抗戰期間的西南聯大、中央研究院的學者們，在艱苦的條件下，或考察研究，或教學著述，無疑是一種文人的報國方式。

學者王力就將做學問與抗戰聯繫起來，他説：「前方將士正在浴血苦戰的時候，我們這班文人還安享着國家的俸給，清夜捫心，實在慚愧。若對於國家當前的問題，也不肯本平日所學，貢獻所知，則國家養士何用？」（王力漢字改革·自序）知識分子的愛國真情表露無遺。

而像劉半農那樣在考察方言途中染病逝世，像白滌洲那樣，在家中連喪五位親人之後還忍痛遠赴西北進行考察，不久也因病而逝的報國行爲，就更加感人至深，令人嘘唏。

書生報國，鞠躬盡瘁，死而無悔，是那一代知識分子共同的情操。

七、結集出版與刊物發表

出版印刷的興盛爲二十世紀前期的學術繁榮做出了突出的貢獻。民國時期許多優秀的學者如張元濟、高夢旦、王雲五等相繼入主出版，更多的學者如胡適、胡愈之、沈雁冰、葉聖陶等參與編輯。他們氣度豁達，慧眼識珠，出版專著，創辦刊物，編纂文庫，結集叢書，使許多學術新見解和研究新成果得到了及時、多元的表達，加速了學術研究的發展與傳播。

本編的著作大多初版即爲專著。也有一些學者如沈兼士、王力、周祖謨、白滌洲等的著述卻是先發表於刊物，後來才抽印成專著的。這些抽印本有過學術討論的積澱，水平自然可嘉。

二十世紀初，雖然白話文與新式標點曾遭到激烈反對，但它們還是以明了通暢的形式佔據了民國文本形式的主流。本編的作者們大都能較熟練地運用白話文進行寫作，有時「因欲與引证文字相符合」，而不得已采用文言文時還特地加以説明（邵鳴九國語學沿革六講·例言）。這種爲讀者着想的方法無疑促進了中國學術由高深奥妙向大衆「公器」的轉變。

民國書刊的排列雖因時代新舊交替而横、竪并存，但統一采用新式標點符號，則是學者們引領潮流，與時俱進思想的表現。

撫今追昔，當我們掀開這些泛黄的書頁，看着似曾相識的繁體字，竟萌生出一種撫摸民國學術體温的感動。

他們的貢獻無愧於那個時代，他們的著作堪稱爲學術經典。

是以爲序。

二〇一四年五月十五日於三亞學院

作者簡介

顧實（一八七八年—一九五六年），字惕生，江蘇武進（今江蘇常州）人，古文字學家。早年攻習法科，曾在國立東南大學執教。後在無錫國專任教，教授中古文學。通多國語言，「讀日本書，猶本國書也。習英法德三國文字，粗能檢讀」。其著述兼涉史、子、集三部，主要著述有漢書藝文志講疏、穆天子傳西徵講疏、墨子·辨經講疏、莊子天下篇講疏、大學鄭注講疏、中庸鄭注講疏、論語講疏、楊朱哲學、中國文字學、說文解字部首講疏、六書解詁及其釋例、重考古今僞書考、中國文學史大綱等。

蔣序

讀書之難，今甚於古。吾生有涯，而知也無涯。古人今人年壽相若，精力相若，而載籍之日出浩瀚不窮，此豈非今人所費之日力，將什伯倍蓰於古人歟。於是有專爲目錄之學者，一分眞僞，而古書去其半，讀者庶大可省其日力焉。二劉校書，尙已。隋志而下，目錄專家之學者，更僕難終。大抵囊括羣典，甄酌陳言，未有專攻一部分之僞書，而勒爲一錄，以餉學者。蓋嘗有之傳者闕如。於是姚氏首源之古今僞書考一書，遂不脛而走，幾於家喻戶曉矣。然而姚氏與閻氏百詩，並世而生。其思精學博，未足以逮閻氏之百一。閻氏著古文尙書疏證，論某氏之僞，遂成定讞。若姚氏之作，論羣書之僞，多有未足以成定讞者。抑亦閻氏專攻一書易，姚氏徧攻羣書難，所以愈不逮也。遜清三百年來，考訂學之盛，邁越前古。顧子惕生自幼耽讀羣書，先治宋學，繼治漢學，治經用高郵王氏德淸兪氏家法，精於小學，實事求是，其博稽載籍，亦非有二法也。嘗病姚首源氏讀書未精，往往以不僞爲僞，世有識者，顧尚無良書以糾正之，貽誤後學不尠，因更撰重考古今僞書考，驅策羣言，成竹在胸，發明古籍之奧蘊，是正世儒之訛謬，斯誠可謂姚氏之諍友，而後學之津梁也。惕生於書無不窺，等身作述，任南京高師東南大學教授八載，編述講稿，至十餘種之多，辛勤逾恆，今將次第印行，漢書藝文志講疏中國文字學最先出，均已重版行世，其書咸繁稱博引，往往獨抒己見，前無古人，是亦可想見其爲人也。重考古今僞書考，乃出其餘力爲之，亦以欲繼撰隋書經籍志講疏，未竟而先爲此書，然多有其漢書藝文志講疏中所未言而極精到者，故此書與漢志講疏，可相輔而行，相得益彰，而其流行之久遠，可預卜也。同邑蔣維喬敍。

自序

中國舊籍，浩如烟海。於是有目錄學者，爲讀一切書之門徑，方法之良，無俟言喻。顧自學術進步，繼長增高，則後來之爲此學者，對於昔賢，不免多所訾議。語曰「當仁不讓」，此之謂也。章炳麟曰「凡說古文藝，不觀會通，不參始末，專以私意揣量，隨情取舍。上者爲章學誠，下者爲姚際恒，疑誤後生多矣。」太炎此言，足以振發舉世之聾聵。章實齋之說，猶其上焉者，尚虞其疑誤後生，則姚首源之下焉者，可知矣。首源古今僞書考一書，膾炙士林，遜清嘉道之際，周中孚嘗謂其書「誤本舊說，以不僞爲僞，未免爲前人之說所愚」，可謂洞中窾要。余生也晚，雅不以此書爲重，每屏置弗顧。一則姚氏生當清初，値學荒之世，徒抄撮通考之類，去取殊多失當。又一則吾人今日承諸老師宿儒之後，所憑藉之雄厚，將十百倍於姚氏所覩，惡用此已陳之芻狗爲也。自張之洞輶軒語稱姚氏此書「簡便易看」，爲讀諸子之門徑，」而士林多震眩其說。不知此書兼包經史子，而張氏偏舉其爲子類之書，出言已先有謬誤。蓋當官之談，酬酢士民，必有率爾失檢者矣。頃見姚氏此書，大爲流行，各大學各高三中學，咸油行發布，莘莘學子，幾於人手一編。余方深憫社會常識之不健全，猶顚倒於三百年前之陳說而不自覺也。會銜校命入都，參與淸宮古物事，在琉璃廠書肆，覩有新出版書題名古今僞書考釋者，亦多空衍姚氏之說，無所規正。豈舉世滔滔，終莫爲姚氏之爭友耶。返校而後，略據諸家考訂，暨平素心得，窮數日夕之力，每一書下，輒將姚考列前，余考列後，藉省學者兩購，顔曰重考古今僞書考，庶幾供一時研究國學者之急需而稍盡區區之職責云爾。世有閎淹之君子，幸匡不逮。夏歷中華民國十三年冬十二月，識於東南大學之六朝松下。武進顧實

此書在東大，用作教本，爲諸生講之。友人胡樸安爲登載國學週刊中，初名古今僞書考箋正，嗣因未安，重更今名。案姚氏此書一卷，原分經史子三類，今分

爲三卷。又原分有眞書雜以僞者，有本非僞書而後人妄託其人之名者，有兩人共此一書名，今傳者不知爲何人作者，有書非僞而書名僞者，有未足定其著書之人者，委瑣分別，今併爲一卷。共四卷。姚氏原序，止限經史子三類，不入集部，而子類濫入杜律虞注一書，當入集部，前人已譏之。又余重考中有曰「別詳漢書藝文志講疏」者，亦余所著書，參考當益明白，至如麻衣正易心法，家禮儀節，天祿閣外史等書，無關重要，概不更考，以省煩累。顧實附記

姚際恆字立方，一字首源，安徽休甯人。寄籍仁和，爲諸生。閻若璩尙書古文疏證，毛奇齡西河詩話，皆有載其學行。閻氏生於崇禎九年，姚氏則少閻氏十一歲耳。顧實再記

古今僞書考原序

造僞書者，古今代出其人，故僞書滋多于世，學者于此眞僞莫辨，而尙可謂之讀書乎。是必取而明辨之，此讀書第一義也。序輒不自量，以世所傳僞書分經史子三類，考證于後，明宋景濂有諸子辨，予合經史子而辨之。凡今世不傳者，與夫瑣細無多者，皆不錄焉。其有前人辨論精確者，悉載于前，以見非予之私說云。四部有集，集者別集，人難以僞。古集間有一二，附益僞撰，不足稱數，故不之及。子類中二氏之書，亦不及焉。新安姚首源際恆

重考古今偽書考　目次

第一卷　經類

易傳　不偽
子夏易傳　不偽
關朗易傳　偽
麻衣正易心法　偽
焦氏易林　不偽
易乾鑿度　不偽
古文尚書　偽
尚書孔氏傳　偽
古三墳書　偽
詩序　不偽
子貢詩傳　偽
申培詩說　偽
周禮　不偽
大戴禮　不偽
孝經　不偽
忠經　不偽
孔子家語　偽
小爾雅　不偽
家禮儀節

第二卷　史類

竹書紀年　僞　　汲冢周書　不僞
穆天子傳　不僞　　晉史乘　不僞
楚檮杌　不僞　　漢武故事　僞
飛燕外傳　僞　　西京雜記　僞
天祿閣外史　僞　　元經　僞
十六國春秋　僞　　隆平集　僞
致身錄

第三卷　子類

鬻子　不僞　　關尹子　僞
子華子　僞　　亢倉子　不僞
晏子春秋　不僞　　鬼谷子　不僞

尹文子 僞
商子 不僞
愼子 不僞
孔叢子 僞
六韜 不僞
吳子 僞
尉繚子 不僞
素書 僞
風后握奇經 僞
石申星經 僞
撥沙經
靈樞經 不僞
公孫龍子 不僞
鶡冠子 不僞
於陵子 僞
文中子 僞
司馬法 不僞
黃石公三略 不僞
李衞公問對 僞
心書 僞
周髀算經 不僞
續葬書
黃帝素問 不僞
神農本草 不僞

秦越人難經 僞　脈訣 僞
神異經 僞　十洲記 僞
列仙傳 僞　洞冥記 僞
博物志 不僞　杜律虞注

第四卷

（一）有眞書雜以僞者

三禮考注 僞　文子 僞
莊子 不僞　列子 僞
管子 不僞　賈誼新書 不僞
傷寒論 不僞　金匱玉函經 不僞

（二）有本非僞書而後人妄託其人之名者

爾雅 不僞　韻書 不僞

山海經 不僞　水經 不僞
陰符經 僞　越絕書 不僞
（三） 有兩人共此一書名今傳者不知爲何人作者
吳越春秋不僞
（四） 有書非僞而書名僞者
春秋繁露 不僞　東坡志林 不僞
（五） 有未足定其著書之人者
國語 不僞　孫子 不僞
劉子新論 不僞　化書 不僞

右目原書無之、今特依原書編出、取便醒目。又於每書目下、注明僞不僞字樣、亦有姑闕者、尙待查考。顧實記

重考古今僞書考

新安姚際恆原本

武進　顧實　重考

卷一　經類

易傳

宋王景山開祖儒志編曰或曰易繫辭果非聖人之言乎曰其原出於孔子而後相傳於易師其來也遠其傳也久其間失墜而增加者不能無也又歐陽永叔有易童子問三卷其上下卷專言繫辭文言說卦而下皆非聖人之作其書具在文集茲不詳又陳直齋振孫書錄解題曰趙汝談南塘易說三卷專辨十翼非夫子作今此書無傳予別有易傳通論六卷茲亦不詳

（重考）史記孔子世家云，「孔子晚而喜易序彖繫象說卦文言，」漢書藝文志云，「孔子爲之彖象繫辭文言序卦之屬十篇，」經典釋文敘錄云，「孔子作彖辭象辭文言繫辭說卦序卦雜卦，」隋書經籍志云，「孔子爲彖象繫辭文言序卦說卦雜卦，」雖舉十翼之次各不相同，猶之文字六書，許慎班固鄭衆三家既已名次不同，後來述者之次益不同，而其實則一也。漢志稱十篇，最爲明決而渾括，不愧史筆，孔穎達易正義卷首第六論云，『上彖一，下彖二，上象三，下象四，上繫五，下繫六，文言七，說卦八，序卦九，雜卦十，鄭學之徒，並同此說。』張守節史記正義曰，「夫子作十翼，謂上彖下彖上象下象上繫下繫文言序卦說卦雜卦也。」此是說卦序卦之次，小有不同，無關宏旨，經師每於此等小處討生活，因而疑眞疑僞，大可不必。吾人乃轉覺鄭學之徒，尙近史筆也。宋人受佛教之影響，尊孔子之聖，幾如今日耶穌教中之上帝，不滿意於十翼，故疑非孔子作，豈知孔子固亦是人世中人耶。且果有確證，亦一學說。無如經淸世幾多考證家之證實，已無立足之餘地，吾人今日豈尙能受其愚耶，別詳漢書藝文志講疏。

子夏易傳

漢志無隋志始有子夏易二卷崇文總目曰此書篇第略依王弼式決非子夏之文又其言近而不篤

然學者尙異頗傳習之晁子止公武讀書志曰景迂云張弧僞作陳直齋曰隋唐時久殘闕宋安得有十卷陸氏釋文所引隋子夏易傳今本皆無之豈直非漢氏書并非隋唐之書矣恆按胡元瑞筆叢曰子夏易載通考者今亦不傳今崑山徐氏新刊有之胡蓋未見云

〔重考〕釋文序錄云，「子夏易傳三卷」七略云「漢興，韓嬰傳」七略此文，亦見唐會要引王儉七志所引劉向七略。攷漢書儒林傳曰「韓嬰，燕人也。景帝時，至常山太傅，後其孫商爲博士。孝宣時，涿郡韓生其後也，以易徵待詔殿中，曰所受易卽先太傅所傳也。」頃見宋翔鳳過庭錄有「子夏爲韓嬰孫商之字」一條，亦足備一解。蓋本嬰所傳，而其孫商成此書，故曰子夏易傳歟。然此書久佚，清孫馮翼張澍馬國翰黃奭俱有輯本。若晁氏讀書志所指子夏易傳，唐人張弧僞作，乃別一書，勿混爲一。而漢魏叢書本子夏易傳，又宋以後人僞作，更非張弧之書，斷爲僞中之僞。清四庫提要已明言之。別詳漢書藝文志講疏。

關朗易傳

陳直齋曰唐趙蕤註然隋唐志皆不載或云阮逸僞作惬案文中子阮逸所註人疑卽其僞造關朗稱元魏孝文時人王通祖同州刺史彥師事之嘗爲彥筮得夬之革決百年中當有達人出修洙泗之教歷數周齊陳隋事無不懸合蓋寓意於通也如此牽合證佐故人知易傳亦逸僞造也

（重考）清四庫存目據晁氏讀書志，謂李淑邯鄲圖書志始有此書，中興書目亦載其名云阮逸詮次刋正。陳師道後山叢談何薳春渚紀聞及邵博聞見後錄皆云「阮逸嘗以僞撰之稿示蘇洵，」則出自逸僞作，無可疑義。逸與李淑同爲神宗時人，故李氏書目始有之也。

麻衣正易心法

出於宋稱麻衣道者以授陳希夷朱仲晦曰此書辭意凡近不類一二百年文字且多無理妄談守南康時有前湘陰主薄戴師愈求謁卽及麻衣易因復扣之宛然此老所作案此乃朱所親見其說固自無疑

焦氏易林

顧寧人日知錄曰易林疑是東漢以後人撰延壽在昭宣之世（漢書京房傳曰延壽以好學得幸梁王案此梁敬王定國也以昭帝始元二年嗣四十年薨當元帝之初元三年）其時左氏未立學官今易林引左氏語甚多又往往用漢書中事如云彭離旣東遷之上庸事在武帝元鼎元年曰長城旣立四夷賓服交和結好昭君是福事在元帝竟寧元年曰火入井口楊芒生角犯歷天門窺用太微登上王牀似用李尋傳語曰新作初陵踰陷難登似用成帝起昌陵事又曰劉季發怒命滅子嬰又大蛇當路使季畏懼則又非漢人所宜言也

（重考）漢志凡書不爲中秘所藏者，例不著錄，焦氏易林蓋其一也，今存易林十六卷，清四庫定爲焦延壽書，延壽字贛。徐養原牟廷相定爲東漢崔篆作，丁晏撰易林釋文仍定爲焦贛之書，謂「易林學出西京，文義古奧，非東漢諸儒所能依託，」其攷辨至精覈，具在原書，茲不贅述。而吾家亭林所疑諸端，實俱不足辨也。蓋西京雖左氏未立學官，而賈誼已爲之訓故，河間獻王傳其學，毛詩故訓傳亦依用之。且延壽易本出孟氏，而說文敍以孟氏易爲古文，正可證西京博士原始不分今古文也。至於引用漢事，西京人本無甚忌諱，昭君或明君之義，不必卽元帝時之昭君。況延壽生及元成之世，又烏得以此而疑之乎。

易乾鑿度

此緯書僞託孔子作案緯書自隋末禁絕宋世猶傳七緯今傳者僅乾鑿度而已然亦宋人掇拾類書而成非本書也晁子止曰崇文書目無元祐田氏書目始載當是國朝人爲之使眞者尚存猶不足信況此又非其眞也恆又案後人以乾坤鑿度二卷合爲一書然實二書也合之者又稱黃帝撰並無稽

（重考）聚珍板叢書，古經解彙函，易緯不止乾鑿度一書也。乾坤鑿度乃後出僞書，不與乾鑿度同，清四庫已言之。考緯書遠源於河圖洛書，曰圖緯，曰象緯，事涉天文占驗，故亦曰緯候也。司馬遷曰：「孔子論六經，紀異而說不書。至天道命不傳，傳其人不待告，告非其人雖言不著。」故相傳緯書皆孔子作，荀悅辨之曰，「仲尼之作則否，有取焉則可，曷其燔諸，」最爲持平之言。隋焚禁民間之緯，而經師朝廷不禁稱引。晁氏謂宋人僞作，殊爲失考。且漢譙敏碑稱「其先故國師譙贛深明典奧讖錄圖緯，」是易緯尤與焦氏京氏兩家易兩近。而乾鑿度通卦驗兩書，並依附繫辭策數，及說卦方位爲說，當作於漢武宣以後，亦今文博士之遺說，兼有鄭玄注，俱未可蔑視也。

古文尚書

古文尚書二十五篇併孔安國傳出於東晉梅賾上之朝僞稱孔壁所出安國爲傳予別有通論十卷茲不更詳

尚書漢孔氏傳

說見上

（重考）東晉初，豫章內史梅賾所上古文尚書孔安國傳，自宋吳棫朱子元趙孟頫吳澄明梅鷟歸有光淸閻若璩惠棟王鳴盛宋鑒諸家著書，遞有論辨，其作僞之跡，早已暴白，無待贅述矣。別詳漢書藝文志講疏。

古三墳書

出於宋晁子止曰張天覺言得之比陽民家七略隋志皆無之世以爲天覺僞撰陳直齋曰元豐中毛漸奉使京西得之唐州民舍其辭詭誕不經蓋僞書也胡元瑞曰世以隋購三墳劉炫僞造連山等百餘篇上之即此書然炫在隋號大儒其造連山雖僞妄必有過人者今此書至淺陋炫豈至是蓋即序者毛漸所爲其序與書正相類

〔重考〕天覺，張商英也，不必問其爲張商英僞造，抑毛漸僞造也。淸四庫存目曰「古來僞書之拙，莫過於是。故宋元以來，自鄭樵外，無一人信之者。至明何鏜刻入漢魏叢書，又題爲晉阮咸注，僞中之僞，益不足信矣。」

詩序

漢志無但云又有毛公之學自謂子夏所傳而河閒獻王好之未得立迄東漢毛傳始行而詩序亦出後漢儒林傳曰衞宏字敬仲東海人初九江謝曼卿善毛詩宏從受學作毛詩序隋志曰先儒相承謂

毛詩序子夏所作毛公及衛敬仲更加潤色鄭詩譜謂大序是子夏作小序是子夏毛公合作卜商意有不盡毛公更足成之案世以序發端一二語謂之小序以其少也以下續申者謂之大序以其多也以又小序爲古序爲前序大序爲後序今皆從之鄭譜所謂大序今所謂小序也所謂小序今所謂大序也今不用其說其謂子夏作者徒以孔子有起予者商也一語此明係附會絕不可信謂毛公作者亦妄也毛公作傳何嘗作序乎鄭玄又謂詩序本一篇毛公始分以置諸篇之首則亦信序而爲此說未必然也世又謂大序自是宏爲之小序則係古序案漢世未有引序一語魏世始引之及梁蕭統文選直以爲子夏作固承前人之訛也鄭玄且以小序爲孔子作王安石且以小序爲詩人自製益可笑矣大抵小大序皆出於東漢范曄既明指衛宏自必不謬其大序固宏爲之小序亦必漢人所爲何以知之序於周頌潛詩曰季冬獻魚春獻鮪全本月令之文故知爲漢人也宋儒辨序之妄自晁說之程泰之鄭漁仲而朱文公承之是小大序本皆非僞後人以小序爲子夏作大序爲毛公作遵之者儼如功令不敢寸尺易是雖非僞書而實亦同於僞書也故列之於此

（重考）宋儒辨序之妄，乃是宋儒之妄。姚氏斷序爲衛宏作，又即姚氏之妄。

蓋衞宏作序，當是別爲之序，猶鄭玄序易，非卽十翼之序卦，馬融序書非卽百篇之書序也。隋志附會范書與大小序牽混而爲一，非也。後世顚倒大小序之名，尤宜一掃而空之。漢志云，「又有毛公之學，自謂子夏所傳，」漢世魯詩盛行，故云然爾。其實鄭玄之言較漢志爲覈。大序卽周南關雎序，小序卽散見諸篇之首者是也。關雎序云，「樂得淑女以配君子，憂在進賢，不淫其色，哀窈窕，思賢才，而無傷善之心焉。」樂不淫，哀不傷，正本論語孔子語意，鄭箋云，「哀字誤，當爲衷，」此鄭君偶有不照。劉台拱論語駢枝云，「古之樂章皆三篇爲一，傳曰肆夏之三，文王之三，鹿鳴之三，記曰宵雅肄三，鄉飲酒禮工入升歌三終，笙入三終，間歌三終，合樂三終，蓋樂章之通例如此。樂而不淫者，關雎葛覃也，哀而不傷者，卷耳也。」劉說甚覈。世又有以序無傳，謂序傳出一手者，然鄭詩譜之說，大抵不誣也。釋文關雎序下引沈重云，「案鄭詩譜意，大序是子夏作，小序是子夏毛公合作，子夏意有未盡，毛公更足成之。」又釋文序錄曰「

孔子刪錄，取周詩兼商頌，以授子夏。子夏遂作序焉。子夏傳曾申，曾申傳李克，李克傳孟仲子，孟仲子傳根牟子，根牟子傳孫卿子，孫卿子傳大毛公」是則毛公傳子夏之學，其詩序間有足成之語，亦非無所授也，今試以小序文義攷之，如「南陔孝子相戒以養也」「白華孝子之潔白也」「華黍時和歲豐宜黍稷也」此子夏所作也，又曰「有其義而亡其辭」此毛公足成之語也。子夏序詩，詩未亡也，故知南陔言養，白華言潔，華黍言時歲之和豐也。毛公作傳，此三詩已亡矣，而其義賴序以存，故曰「有其義而亡其辭」也。由庚崇丘由儀之序，亦同此例，又如「絲衣繹賓尸也」此子夏所作也，又曰「高子曰靈星之尸也」此毛公足成之語也。子夏傳詩於高行子，高子卽高行子也，子夏序詩，意有未盡，故毛公引高子語以足之也。桓賚諸序，例亦宜然，此並爲合作之明證也。（以上本黃以周經說略） 至於齊魯韓三家詩，皆有詩序。齊詩序亦可考，而魯韓詩序可考者，又不與毛詩序同，要如春秋三傳之比，各有師承，未可詆爲僞作。

子貢詩傳
申培詩說

以上二書明豐坊僞撰錢牧齋列朝詩集記豐坊曰子貢詩傳卽其僞撰也錢未及詩說耳從未聞有子貢詩傳徒以孔子有可與言詩一語遂附會爲此其誕妄固不必言者申培者漢志有魯故魯說隋志云魯詩亡於西晉則亡佚久矣坊之作此名爲二書實則相輔而行彼此互證若合一轍中多暗襲朱氏集傳以與詩序異者又襲詩序爲朱之所不辨者其他自創雖不無一二合理然妄託古人以欺世其罪大矣嘉靖中廬陵郭相奎家忽出此二書以爲得之香山黃佐佐所得爲晉虞喜於祕閣石本傳摹者故其書有篆隸諸體坊善其書所優爲也於是當時人幾於一鬨之市張元平刻之成都李本寧刻之白下凌濛初爲傳詩適冢鄒忠徹爲詩傳闡姚允恭爲傳說合參使得以盡售其欺可嘆也夫坊又自謂魯詩世學專宗詩說而閒及於傳意以說之本於傳也又多引黃泰泉說泰泉卽佐乃坊之師有詩經通解行世二書亦多與暗合故謂出於佐家以佐得見此二書用其義爲解也其狡獪如此

坊又僞造魏政始石經大學武林張氏訂刻陶九成說郛名曰大學古本例之卷首

（重考）漢魏叢書本子貢詩傳申培詩說二書，皆明豐坊僞造，清四庫存目，朱氏經義考，均已詳鑿言之。坊平生喜作僞書，於諸經皆竄亂篇章，別爲訓詁，詭言古本以欺世，洵斯文之蟊賊。然此二書爲宋人廢序言詩之流弊，有以使然也。

周禮

出於西漢之末予別有通論十卷茲不更詳

（重考）漢志周官經六篇，荀悅漢紀稱「劉歆以周官六篇爲周禮。」周禮原名周官，史記封禪書引周官曰「冬日至，祀天於南郊，迎長日之至；夏日至，祭地祇，皆用樂舞，而神乃可得而禮也。」孫星衍問字堂集曰「司馬遷引周官乃是郊特牲文，」蓋是雜用郊特牲文，爲西京最初見之周官說，不必是周官原文。封禪書又言武帝羣儒采封禪尚書周官王制之望祀射牛事，漢志別有周官傳四篇足徵周官一書，西漢早有師傳，世言其出西漢之末，而疑爲僞者妄也。且千年來眞儒之爭，紛如聚訟，至孫詒讓周禮正義書成，而羣謗可息，徒以學者多束高閣，未遑深論，今第就古文字一端言之，周官最多有他書不用之古文字，如虣暴字，疈副字，灋法字，𢿍漁字，𢷎拜字，簭筮字，飌風字，邍原字，丱，礦字，匶，柩字，畺，疆字等。求諸說文，疈籒文副，灋古文法，𢷎古文拜，邍古文原，丱，古文礦，匶，古文柩，畺乃疆之本字，惟簭，古文筮，作簭而稍異，而虣𢿍飌三字，則無有也，更求諸鐘鼎文，虣見寅簋，（博古圖）𢿍見沇兒鐘（古籒補）邍見石鼓，畺見田季加匜（薛氏）伯角父敦，（積古）灋見盂鼎，𢷎尤鐘鼎中所習見，且殷契中有[illegible]，卽飌字。（羅振玉殷墟書契考釋）此所發見，愈足令人狂喜不置。試問虣𢿍飌字，皆說文及他古書所不見之字，而獨見於周官。使周官而果爲漢人僞作，假造此等古文字。何以千載之下。偏有發見殷周骨甲文鐘鼎文，與相證合，不謀而同。自非周官一書，早作於西周之世，烏得有此乎。是故居今日而猶言周官卽周禮爲僞書者，雖三尺童豎，亦知其妄矣別詳漢書藝文志講疏。

大戴禮

陳直齋曰漢信都王太傅戴德九江太守聖皆受禮於后倉漢初以來迄於劉向校定中書諸家所記殆數百篇戴德刪其繁重爲八十五篇聖又刪爲四十九篇相傳如此今小戴之書行於世而大戴之書止此第自篇三十九而下止於八十一前闕三十八篇末闕四篇中閒又有闕有重意其闕者卽聖所刪耶然哀公問投壺二篇與今禮記文不異他亦閒有同者保傅篇世言誼賈書所從出也今考禮察篇湯武秦定取舍一則盡出誼疏中反若取誼語勦入其中者公符篇至錄漢昭帝冠辭則此書殆後人好事者采獲諸書爲之故駁雜不經決非戴德本書也題九江太守戴德撰九江太守乃戴聖所歷官尤非是（予前作古文尚書通論其中辨大戴記非本書乃後人之僞未見直齋此論也今從通考中閱之正相合）

（重考）漢志記百三十一篇，錢大昕曰「合大小戴所傳而言，小戴記四十九篇，曲禮檀弓雜記皆以簡策重多，分爲上下，實止四十六篇，合大戴之八十五篇，正協百三十一之數。」王聘珍曰「禮察保傅語及秦亡，乃孔襄等所合藏，賈誼有取於古記，非古記採及新書也。三朝記曾子乃劉氏分屬九流，非大戴所裒集也。」錢王兩家之說皆是也。隋志引晉司空陳劭謂大戴刪古禮二百四篇爲八十五篇，小戴又刪爲四十九篇，其說之謬妄，可不攻而自破。惟公冠篇有孝昭冠辭，王應麟謂是后氏曲臺所記，然無明證據。劉昭續漢書禮義志引此文作「博物記曰孝昭帝冠辭」云云，則後人所竄入無疑也。（王肅家語已以成王冠篇孝昭冠篇相連，則竄入久矣）要之大戴諸篇，如哀公問投壺篇名經文皆與小戴同，又禮察篇與經解同，曾子大孝篇與祭義同。（此亦足證小戴刪大戴說之謬）此外則踐阼篇諸銘見太公陰符金匱之文，文王官人見周書，禮三本勸學兩篇見於荀子，保傅見於賈子新書。五帝德帝繫姓，司馬遷採以作五帝本紀。夏小正及孔子三朝記曾子皆別爲書，今三朝五篇，曾子十篇，俱在記中，無論多寡不同，踳駁間出，總不出七十子之徒，及周秦漢間老師宿儒所傳。先哲謂其探索陰陽，窮析物理，推本性情，嚴禮樂之辨，究度數之詳，固已度越諸子，雖與小戴記並行可也，是豈得目爲僞書而屏棄之哉。別詳漢書藝文志講疏。

孝經

漢志曰漢與長孫氏博士江翁少府后倉諫大夫翼奉安昌侯張禹傳之隋志曰遭秦焚書爲河間人顏芝所藏漢初芝子貞出之凡十八章而長孫氏江翁后倉翼奉張禹皆名其學案是書來歷出於漢儒不惟非孔子作倂非周秦之言也其三才章夫孝天之經至因地之義襲左傳子太叔述子產之言惟易禮字爲孝字聖治章以順則逆至凶德襲左傳季文子對魯宣公之言君子則不然以下襲左傳北宮文子論儀之言事君章進思盡忠二語襲左傳士貞子諫景晉公之有左傳自張禹所傳後始漸行於世則孝經者蓋其時之人所爲也勘其文義絕類戴記中諸篇如曾子問哀公問仲尼燕居孔子閒居之類同爲漢儒之作後儒以其言孝特爲撮出因名以孝經耳案諸經古不係以經字惟曰易曰

詩曰書其經字乃俗所加也此名孝經自可知非古若去經字又非如易詩書之可以一字名者矣班固似亦知之曰夫孝天之經地之義民之行也舉大者言故曰孝經此曲說也安有取天之經經字配孝字以名書而遺去天字且遺去地之義諸句之字者乎書名取章首之字或有之況此又爲第七章中語耶至謂孔子所作本不必辯今姑以數端言之篇首云仲尼居便非自作矣又論語曾子曰吾聞諸夫子人未有自致者也必也親喪乎向稱曾子志存孝道故孔子授以孝經則此二語曾子親述其聞者何以反見遺乎又孔子曰事父母幾諫見志不從又敬不違勞而不怨多少抵徊曲折今諫爭章云父有爭子故當不義子不可不爭於父從父之令焉得爲孝又何其徑直而且傷於激也其言絕不倫類孟子曰父子之間不責善此深合天理人情之言使此爲孔子言孟子豈與之相異如是耶朱仲晦亦嘗疑之而作孝經刊誤然疑信相參妄以意分經傳皆附會牽合其不能牽合者則曰此不解經別發一義可笑也其論文義如謂三才章用左傳易禮爲孝文勢反不若彼之貫通條目反不若彼之完備明是此襲彼非彼襲此也又謂先王見教之可以化民與上文不相屬故温公改教爲孝乃得粗通然謂聖人見孝可以化民而後以身先之於理又已悖矣況先之以博愛亦非立愛惟親之序若之

何能使民不遺其親耶此數處辯駁皆是可以參觀至於移易其文實以本文原自重複及不連接非脫誤也又據稱衡山胡侍郎疑孝經引詩非經本文實本文所引也玉山汪端明亦以此書多出後人附會是胡也汪也朱也固嘗疑之若此矣非自予始也予著通論止九經其別僞類不及孝經故特著於是焉又歸熙甫曰昔孔子嘗不對或人之問禘矣其言明王之以孝治天下至於刑四海事天地言大而理約意所以告曾子者如此哉雖然其書非孔氏之舊也宋元大儒其所去者是矣而所存者亦未必孔氏之舊也其言蓋亦遵朱及吳臨川之意云

（重考）孝者，中國民族血統之結晶也。自中國民族衰，而朱晦菴以還，始紛紛疑孝經，適以見宋元諸大儒之妄。呂覽曰「夫孝，三皇五帝之本務，而萬事之紀也。」（孝行覽）呂覽察微篇且有引孝經之文，孝經之不僞，丁晏孝經徵文一書，言之已甚明。至其文體，俞樾古書疑義舉例之寓名例，嘗舉隋劉炫之說以明之。孝經正義引劉炫述義曰「炫謂孔子自作孝經，本非曾參請業而對也。夫子運偶陵遲，禮樂崩壞，名教將絕，特感聖心，因弟子有請問之道，師儒有教誨之義，故假曾子之言，以爲對揚之體，乃非曾子實有問也。若疑而始問，答以申辭，則曾子應每章一問，仲尼應每問一答。按經，夫子先自言之，非參請也。諸章以次演之，非待問也。且辭義血脈，文連旨環，而開宗題其端緒，餘音廣而成之，非一問一答之勢也。理有所極，方始發問，又非請業請答之事。首章言「先王有至德要道」，則下章云「此之謂要道也，非至德其孰能順民」，皆遙結首章，非答曾子也。擧此爲例，凡有數科，必主其曾子言，首章答曾子已了，何由不待曾子問，更自述而明之。且首起曾參侍坐，與之論孝，開宗明義，上陳天子，下陳庶人，語盡無更端。於曾子未有請，故假參歎孝之大，又說以孝爲理之功，說之已終，欲言其聖道莫大於孝，又假參問，乃說聖人之德，不加於孝，在前論敬順之道，未有規諫之事，故須更借曾子言，陳諫諍之義。此皆孔子須參問，非參須問孔子也。莊周之斥鷃笑鵬，罔兩問影，屈原之漁父鼓枻，太卜拂龜，馬卿之烏有亡是，揚雄之翰林子墨，寧非師祖製作，乃爲楷模者乎。」曲園推重劉氏之說，謂非博覽周秦古書，通于聖賢著述之體，不能爲此言也！諒哉！至若諫諍章之見疑於世，亦宋儒之深文周納，而吹毛索瘢，務令儒術益便於專制束縛。其實古人秉性諒直，正如孝經所說，豈若宋以來儒者之常懷臆病耶？歸熙甫姚首源皆中前人之毒，其愚不可瘳。

忠經

託名馬融作其僞無疑張溥輯漢魏六朝文集列於融集中何也

（重考）忠經舊題漢馬融撰，鄭康成注。隋志新舊唐志俱不載，崇文目宋志始載之。正文與注，如出一手。然考宋兩朝志載有海鵬忠經（見玉海引）然則即鵬所撰，當屬仁宗英宗時人也。此則刊本之作僞，非撰書者之僞矣。經義考擬經門，止載僞託本，尚失之疏。其書擬孝經而作，亦分十八章，各章皆引詩書，而十三十八兩章不引，亦擬孝經體，惟不作問答之詞，尚有未達耳。不知孝經已兼言忠，烏用此優孟衣冠之駢枝贅旒爲者。百三名家集竟全入季長集中，可發一笑。

孔子家語

漢志孔子家語二十七卷顏師古曰非今所有家語也案唐志有王肅註家語十卷此卽肅掇拾諸傳記爲之託名孔安國作序卽師古所謂今之家語是也今世所傳家語又非師古所謂今之家語也司馬貞與師古同爲唐人貞作史記索隱所引家語今本或無可驗也元王廣謀有家語註明何孟春亦注家語其言曰未必非廣謀之庸妄有所删除而致然此言良是然則今世家語殆元王廣謀本也

〔重考〕王肅僞造家語，何孟春語不足據，淸四庫提要已明言之，考馬昭曰「家語王肅所增加，」似不全僞造也。故錢馥謂漢志家語二十七篇，而王肅所依託之家語四十四篇，多十七篇，猶之僞古文尚書對於原有之二十八篇，而增加二十五篇也。」然漢志之眞孔子家語，今尚有遺文二則存焉。春秋左傳序正義稱沈文阿言嚴氏春秋引觀周篇云「孔子將修春秋與左丘明乘如周，觀書於周史，歸而修春秋之經，丘明爲之傳，共爲表裏，」此一則也。通典

（六十九）引崔凱喪服駁，稱魏時或爲四孤論，博士田瓊議據家語曰「絕嗣而後他人於禮爲非，」此又一則也。二則皆今本家語所無，而前者引觀周篇，今本家語亦有此篇目，可見王肅猶見眞家語篇目，故依仿爲之。然篇目則是，而內容已非，是非王肅僞家語幷不能與東晉僞古文尙書比論乎。蓋王肅與鄭玄之學爭名，故僞造此書以顯其議禮所據。但觀僞孔安國後敍云，「孫卿以孔子之語及諸國事七十二弟子之言凡百餘篇與秦漢高祖尅秦悉斂得之，其後散在人間，好事各以意增損，孝景皇帝募求禮書，得孔子家語與曲禮衆篇亂簡合而藏之祕府，」又僞孔衍書云「戴聖以曲禮不足而取孔子家語雜亂者，及子思孟軻孫卿之書以裨益之，總名曰禮記，今其已在禮記者，則便除家語之本篇，是滅其原而存其末，不亦難乎。」據此則禮記兼包曲禮衆篇，王肅詆人間本除去其與禮記同者，而王肅本特存之。人間本即漢志二十七篇本也。又王肅家語序稱「琴牢事，今在七十二弟子解篇，堯以火德王，色尙黃，在五帝篇」然則此二文，亦二十七篇本所無矣。是故今本家語四十四篇中，雜采荀子小戴記者三十三篇，全襲大戴記者五篇，惟致思觀周辯政辯物七十二弟子解本姓解六篇，別本他書，而觀周篇旣與嚴氏春秋所引不同，則致思五篇亦不盡可據，無疑也。孫祖志祖家語疏證斷四十四篇皆王肅僞撰，良爲過當，要之今若除去其與禮記同者，則二十七篇所僅存者，實亦寥寥無幾，是馬昭所云「王肅增加」增加至何程度，殊不明瞭也。別詳漢書藝文志講疏。

小爾雅

稱孔鮒撰陳直陳直齋志有此書亦不著名氏今館閣書目云孔鮒撰蓋卽孔叢子弟十一篇也當是好事者抄出爲之餘詳子孔類孔叢子

〔重考〕漢志小爾雅一卷，不著撰人，蓋出西京儒者相傳，以求佔畢之正名，輔奇觚之絕誼，其來古矣。晉李軌曾撰小爾雅解一卷，見於隋唐志，下迨五季，並原書而俱佚。宋室南渡，古籍淩夷，當時錄館書，從孔叢子中採出，故自後錄小爾雅者，並以爲孔鮒所撰，非其實也。且王肅輩僞造孔叢子，掇摭及於小爾雅，豈無變亂竄定，而遽以當漢志之舊，恐未必爲歸趙之完璧乎。然清儒探討，咸謂此固爾雅之支裔經詁之流派，而樂爲疏通證明者，不乏其人，有宋翔鳳小爾雅訓纂，胡承珙小爾雅義證，諸家書焉。別詳漢書藝文志講疏。

家禮儀節

似近世坊賈射利而刻是書假楊升菴作序訛謬不通序以爲丘瓊山纂緝家禮而爲儀節亦未可據

〔以上經類〕

重考古今偽書考

新安姚際恒原本

武進　顧實　重考

卷二　史類

竹書紀年

汲冢周書

穆天子傳　汲冢竹書分冠周書紀年上文互見也穆天子傳以字多故不復見之

已上三書晉書束皙傳云太康二年汲郡人不準盜發魏襄王墓或言安釐王冢得竹書數十車皆漆書科斗字武帝以其書付祕閣校綴次第以今文寫之皙在著作得觀竹書云云凡有七十五篇今世所傳此三書卽在其中者也紀年晉史稱益干啟位啟殺之太甲殺伊尹卽此二事荒誕已甚其他可無論然今本惟有太甲殺伊尹事無啟殺益事又杜預集解後序謂紀年起自夏殷今本起軒轅氏則又後人增改非晉本矣周書漢志本有七十一篇（註引劉向曰今存者四十五篇蓋漢時已散失今此四十五篇亦亡矣）今七十篇似以序一篇合七十一篇之數其序仝仿書序又克殷度邑等篇襲

史記時訓篇襲不韋月令明堂篇襲明堂位職方篇襲周禮職方氏王會篇尤怪誕不經陳直齋曰相傳以爲孔子刪書所餘未必然似戰國後人倣傚爲之李巽巖曰戰國處士私相緝綴恆案不止此殆後漢人所爲也穆天子傳本左傳穆王欲肆其心周行天下將皆有車轍馬跡焉又本史秦紀造父爲穆王得驥温驪驊騮騄耳之駟西巡狩樂而忘歸諸說以爲之也多用山海經語其體制亦似起居注起居注者始於明德馬皇后故知爲漢後人作又多與紀年相合亦知爲一人之作也紀年沈約註周書孔晁註穆天子傳郭璞註皆淺陋之甚至有經史而不知引者亦皆僞也穆天子傳稱璞註者蓋卽取璞所註山海經以移入之故因謂璞註也汲冢又有師春一卷杜預稱純集左傳卜筮事黃長睿曰師春紀諸國世次及十二公歲星所在幷律呂卦變諡法等非專載左傳卜筮事其紀歲星有杜征南洞曉陰陽之語由是知此書亦西晉人集錄而未必盡出汲冢也師春之書宋世有之今則未見故不錄然據紀年師春二書皆與杜預所述不合予於紀年以爲後人增改非汲冢本書長睿又以師春爲西晉人集錄未必出於汲冢二者又不同

（重考）右三書，當分別觀之，竹書穆傳出汲冢，周書不出汲冢，姚氏幷爲一談，猶沿俗説之訛也。周書七十一篇，見漢志，七十篇合序一篇，故七十一篇。顏師古注云「今存者四十五篇」，亦非劉向語，姚氏失檢。晉唐之世，此書已有二本，劉知幾史通曰「周書七十一章，上自文武，下終「靈景」不言有所闕佚。與師古說殊。今存五十九篇，幷序爲六十篇，湖北書局刊本，朱右曾周書校釋序言之甚明，無俟贅述。惟周書每篇稱解，據管子牧民解形勢解立政九敗解版法解明法解，俱解本書之文，則是周書殆亦因解說尙書中之周書而作也。如度訓命訓二解，俱以「天生民」發端，似解逸書「天降下民作之君作之師」之文，常訓解言「天有常性，人有常順」解「君子有顯德，其行甚章，上帝不常，九有以亡，上帝不順，祝降其喪」之文，文酌解言「民生而有欲有惡有樂有哀有德有則」。解「民之所欲，天必從之」之文，又如寤儆解，和寤解，武寤解，俱解大誓「朕夢協朕卜，襲于休祥，戎商必克」之文，世俘解解武成「祀馘于周廟」之文，作雒解解康誥「作新大邑于東國洛」之文，殷祝解，解多方「乃惟成湯克以爾多方，簡代夏作民主」之文，周祝解解多士「我有佑命，將天明威」之文，官人解因立政周官二篇而及之，祭公解因蔡仲之命而及之，器服解因顧命「伯相命士須材」之文而及之，芮良夫解亦因芮伯作旅巢命而終言之，惟太子晉解一篇，於書無所附麗，（周書逸文尚有解呂刑篇者，茲不臚舉。國語周語吾聞之大誓故曰「朕夢協於朕卜，襲於休祥，戎商必克，以三襲也」案朕夢協于朕卜十四字，乃大誓正文，其曰以三襲也，則故訓之辭也，俗多誤解）至於職方，采自周官，官人與大戴記同，商誓皇門嘗麥祭公芮良夫，俱周時訓誥策命之文，克殷度邑王會，亦頗類古記，皆其所采輯者也。是故周書者，疑春秋戰國間人，采周志及雜說，以解釋百篇中之周書而作，非必孔子刪書之餘也，後世無學者，冠以汲冢二字，題曰汲冢周書，烏知其與汲冢絕不相蒙哉，別詳漢書藝文志講疏。

（重考）汲冢書較近世發見燉煌石筴，殷墟甲文，及其他鼎彝銘刻，更爲可寶。

古文之學，昌於兩京，至晉人而遽能識冢書，猶之今人亦受宋清以來吉金古文家之賜也。惟今本竹書紀年已非原書，考晉書束皙傳，紀年十三篇，隋志紀年十二卷，并竹書同異一卷，通志紀年十四卷，係錄唐志。玉海云「唐志紀年十四卷，崇文目不著錄，中興書目止有第四第六及雜事三卷，下皆標言荀氏敘錄，一紀年，二紀令應，三雜事，皆殘闕。」故宋志竹書三卷，而其中紀年止一卷耳。此一卷當卽太平御覽所引。元明以來所傳二卷，題沈約注，蓋又據宋本而增訂之者也。宋人已不見全書，故黃長睿伯思東觀餘論至誤以師春當紀年，並牽及杜征南洞曉陰陽之語，可見當時鈔撮之謬矣。師春者汲冢所出，紀卜筮之書。見杜預左傳後序。然紀年雖不完，而自堯以來，至于幽厲，所紀之年，猶是三代眞迹，則有長歷可推也。（雷學淇紀年考證）淸世考釋者有孫之騄徐文靖鄭環張宗泰陳詩趙紹祖韓怡洪頤煊陳逢衡林春溥雷學淇諸家書甚多，而今人王國維紀年輯本紀年疏證二書，尤爲眞僞兩見而易明也。姚氏未躬逢其盛，烏足以定此書之眞僞，又紀年實起黃帝，與太甲殺伊尹等事，諸家多有攷辯，茲不贅論。

（重考）據隋志，晉人所得竹書，總八十七卷，今僅存穆天子傳六卷而已。漢傳六經古文簡長二尺四寸，諸子八寸策。竹書穆傳簡亦長二尺四寸，是知先秦人視經史同爲崇高之大典，而淸四庫乃列山經穆傳於小說類，亦可謂妄矣。洪頤煊有穆天子傳郭注校本，劉師培有穆天子傳補注，余有穆天子傳西征今地考，周穆王西征至西王母之邦，卽今波斯，以今輿地證之，歷歷不爽，此豈僞書哉。

晉史乘

楚檮杌

已上二書元吾衍僞撰陶九成輟耕錄明載衍之著述有此二書

（重考）倪氏錢氏兩家補元志亦俱作吾衍撰。攷王褘忠文集張習孔雲谷臥餘二書所言，則吾子行衍采摭左國及諸子書，彙次爲書，標列篇名，乘凡四十二篇，檮杌凡二十七篇，所以補二書之闕，非有心於作僞也。後人刻其書者，僞撰子行題辭於前，以盜流傳古書之名，當出於明萬曆以後人所爲，汪士漢又錄晉楚兩世家索隱述贊，各加以案語，爲晉史考楚史考，分冠於卷首，其誣益甚矣。

漢武故事

漢班固撰然與漢書絕不同一覽可辯晁子止曰唐人書洞冥記後云漢武故事王儉造

（重考）唐張柬之書洞冥記後云「漢武故事，王儉造」，柬之尙屬初唐人，其言當有所受之，或不誣也。所記多出入史漢，而更傅益以妖妄之語。但諸書所引，今本反多不載。疑宋晁公武諸家所見本已亡，今本又爲後人鈔合而成，非王儉原書已。

飛燕外傳

稱漢伶玄撰陳直齋曰玄自言與揚雄同時而史無見或曰僞書也恆案此自好事者爲之後又有漢雜事祕辛言梁后事明王世貞僞撰又有焚椒錄言遼后事不知何人撰尤穢褻不堪皆祖述此也

（重考）飛燕外傳，隋唐志俱不載，當出於北宋之世。然晁子止陳直齋俱不甚以爲僞書也。其文固不類西漢體，其事亦不能爲外人道也。通德擁髻等事，文士多用之。而「禍水滅火」一語，司馬溫公已載之通鑑中，在文士取資藻采，原屬常事。而司馬公反引其最紕繆語，以入史籍，則不能不謂曰失攷之甚矣。若雜事祕辛一書，則出明楊愼升菴僞撰，沈德符敝帚軒賸語已首揭發之，非王世貞作也，焚椒錄，遼王鼎撰，在津逮祕書中。

西京雜記

隋志載之不著撰人名陳直齋曰稱葛洪撰其卷末言洪家有劉子駿書百卷先父傳之歆欲撰漢書雜錄漢事未及而亡試以此書考校班固所作殆是全取劉書有少異同耳固所遺不過二萬餘言今抄出爲二卷以裨漢書之闕案洪博聞深學江左絕倫著書幾五百卷本傳具載其目不聞有此書而

向歆父子亦不聞其嘗作史傳於世使班固有所因述亦不應全沒不著也殆有可疑者豈惟非向歆所傳亦未必洪之作也恆案直齋謂未必洪之作者亦有所本黃長睿東觀餘論曰西京雜記中余就上林令虞淵得朝臣所上草木名案晉史葛未嘗至長安而晉官但有華林令而無上林其非稚川決也晁子止曰人或以爲吳均依託爲之恆案謂吳均者酉陽雜俎庾信作詩欲用西京雜記事旋自追改曰此吳均語恐不足用也

（重考）隋志不著撰人名，與漢書匡衡傳注云「今有西京雜記者，其書淺俗，出於里巷，亦不知爲何人作，」正合酉陽雜俎述庾信語，指爲梁吳均書，必有所據。或謂書中歆稱家君洪稱先父，事出父子之間，必非僞書。然謂班固漢書，全取劉書，的是妄語，其僞明矣。清四庫摘其「記文帝爲太子，廣陵王胥格猛獸陷脰死，淮南王安與方士俱去，楊王孫名貴，俱與漢書不合，而稱吳章爲王莽所殺，尤不類歆語」諸端，蓋依託者欲與漢書立異，而適見其僞也。然不賢識小，似六朝人尚有所綴拾遺聞，故後世說西京遺事者，猶取材於此書焉。

天祿閣外史

稱漢黃憲撰明王逢年僞撰

元經

稱隋王通撰唐薛收傳宋阮逸補幷註起晉惠帝終於陳陳直齋曰河汾王氏諸書自中說之外皆唐志所無其傳出阮逸或曰皆逸僞作也今考唐神堯諱淵其祖景皇諱虎故晉書戴淵石虎皆以字行薛收唐人於傳稱戴若思石季龍宜也元經作於隋世大興四年亦書曰若思何哉意逸之心勞日拙自不能揜耶恆案胡元瑞謂元經今藏書家不復有不知漢魏叢書已刻之矣

（重考）元經隋志舊唐志崇文目俱不載，新唐志讀書志書錄解題通考宋志始載之，晁氏摘其經文「帝問蛙鳴」四字，以疑其僞。陳氏更質言之，既如所云，故世咸以爲此書阮逸所僞撰也。且試審其內容，則擬孔子春秋而作，起晉惠帝太熙元年，終於陳亡。以晉系正統，每歲書春帝正月。自劉宋立國，始進魏於經，而南北並列，至劉宋亡，遂黜齊而進魏，尤爲荒謬之極，揆諸春秋內諸夏而外夷狄之大義，何在哉，則此書直無知妄作而已矣。

十六國春秋

魏崔鴻撰此書本有百卷見本傳舊稱温公所考十六國春秋猶非鴻全書則散亡久矣明屠喬孫項琳之雖云爲之訂補然卽出此二人手也

（重考）今傳十六國春秋有兩本，一爲百卷本，一爲十六卷本，是也。崔鴻著十六國春秋百卷，又別作序例一卷，年表一卷，合爲一百二卷，具見魏書本傳。隋志作一百卷，蓋不數序例年表，新舊唐志俱作一百二十卷，蓋誤衍十字。崇文目讀書志書錄解題皆不載，而太平御覽猶引之，當宋初尚存也。至明萬曆中，其書忽出，每卷首題魏崔鴻撰，末題屠喬孫項琳之同訂，冠以魏書崔鴻本傳，及甘士介序，大抵屠氏等采摭晉書幷藝文類聚諸書所引，又附益以他書而成也。其各國稱錄，與史通正史篇所云「易其國書曰錄主紀曰傳」相合。其紀年皆用各國年號，則與史通探賾篇所云「鴻書之紀綱，皆以晉爲主」云云不合。又鴻傳明言有「贊序襃貶評論，」而此本絕無「贊序，」亦其不合之一端也。然此書自與他書作僞者不同，固可與後來吳氏十國春秋並傳也。至若漢魏叢書本十六國春秋十六卷，何鏜遠在屠項二氏之前，而已刊入叢書，可知流傳已久。攷崇文目有無名氏十六國春秋略二卷，溫公通鑑攷異亦有引及十六國春秋鈔者，恐卽此本。清四庫稱爲別本十六國春秋，明與百卷本不同也。

隆平集

稱宋曾鞏撰晁子止曰似非鞏撰

（重考）晁氏讀書志疑之，固當已。宋史曾鞏本傳不載此集，曾肇作鞏行狀，及韓維撰鞏神道碑，臚述所著書甚備，亦無此集，其爲僞託無疑。然北宋之末已行於世，李燾作續通鑑長編已引据之，元修宋史，袁桷亦嘗搜訪及此書，清四庫（別史類）斷爲「雖不出於鞏，要爲宋人之舊笈，」洵持平之論。

致身錄

敍明建文壬午之事從亡者三十二人史彬與焉云藏之茅山道士手授焦竑故竑爲之序科臣歐陽調律上其書於朝惟錢牧齋以吳匏菴史彬墓表核之斷其必無者十見初學集又有程濟從亡日記錢以爲踵致身錄之僞而爲之也

以上史類

類史 二卷

圖一

重考古今僞書考

新安姚際恒原本　　武進　顧　實　重考

卷三　子類

鬻子

世傳子書始於鬻子漢志道家有鬻子二十二篇小說家有鬻子說十九篇（本註云後世所加）今一卷止十四篇唐逢行珪所上案史楚世家熊通曰吾先鬻熊文王之師也蚤終鈠稱見文王時行年九十非矣又書載三監曲阜事壽亦不應如是永也是其人之事已謬悠莫考而況其書乎論之者葉正則宋景濂皆以兩見漢志爲疑莫知此書誰屬胡元瑞則以屬小說家亦臆測也高似孫以爲漢儒綴緝李仁父以爲後世依託王弇州疑其七大夫之名楊用修歷引賈誼書及文選註所引鬻子今皆無之此足以見大略矣

（重考）陳直齋書錄解題載鬻子無注本一卷云「漢志凡二十二篇，今書十五篇，陸佃所校，」又於逢行珪注本下云「止十四篇「蓋中間以二章合而爲一，故視陸本少一篇也。此書甲乙篇次皆不可曉，二本前後亦不同，然嚴可均嘗以羣書治要等書校對，無甚異同，則猶爲唐以前之古本也。別詳漢書藝文志講疏。

關尹子

陳直齋曰周關令尹喜與老子同時漢志有關尹子九篇而隋唐及國史志皆不著錄其書亡久矣徐藏子禮得於永嘉孫定首載劉向校定序末有葛洪後序未知孫定從何傳授殆皆依託也序亦不類向文恆案宋景濂謂其文倣釋氏良然

（重考）今本關尹子僞書。然孫定，南宋人，清四庫更據墨莊漫錄載黃庭堅詩，「尋師訪道魚千里」句，已稱用關尹子語，謂「未必出於定僞作，或唐五代間，解文章者所爲」云，別詳漢書藝文志講疏。

子華子

稱程本陳直齋曰考前世史志及諸家書目竝無此書蓋依託也家語有孔子遇程子傾蓋之事而莊

子亦載子華子見昭僖侯昭僖與孔子不同時莊子固寓言而家語亦未可考信當出近世能言之流爲此以玩世耳周氏涉筆曰子華子所著劉向序者文字淺陋不類向晁子止曰多用王氏字說謬誤淺陋殆元豐以後舉子所爲耳胡元瑞曰此必宋人姓程名本者所爲

（重考）子華子僞書，漢隋唐志崇文目俱不載。讀書志書錄解題始載之。通攷臚列直齋諸家之說，指斥其僞，晁子止謂「元豐以後舉子所爲，」蓋致碻也。朱子亦極言其僞，但朱子所據，係會稽官書版本，尙有後序二篇，今本無之。

亢倉子

柳子厚曰太史公爲莊周列傳稱其爲書畏累虛亢桑子皆空言無事實今世有亢倉子其首篇出莊子而益以庸言蓋周所云者尙不能有事實又況取其語而益之者其爲空言尤也劉向班固錄書無亢倉子而今之爲術者乃始爲之傳註以教於世不亦惑乎高似孫曰開元天寶閒天子方鄉道家之說尊表老莊列又以亢倉子號洞靈眞經既不知其人又未有此書一旦表而出之處士王褒乃趨世好迎上意撰以獻之今讀其篇往往采列子文子及呂氏春秋新序說苑又時采戴氏禮源流不一可

謂雜而不純濫而不實者矣恆案唐劉肅大唐新語李肇國史補並以亢倉作庚桑亦言其僞

（重考）亢倉子，唐王士元撰。新唐志有二卷，今本蓋殘闕之餘，故明人幷爲一卷。清四庫言「是書實士元所補亡，與他僞書不同。柳子厚輩不知而妄詆，未免以不狂爲狂矣。其文詞雖勦襲老莊文列及諸家書而成，然能融以己意，頗有理致。惟好多作古文奇字，是其短耳。」

晏子春秋

陳直齋曰漢志八篇但曰晏子隋唐七卷始號晏子春秋今卷數不同未知果本書否崇文總目曰晏子八篇今亡此書蓋後人採嬰行事爲之

（重考）清孫星衍校本序，大旨謂「晏子名春秋，見於史記年表孔叢順說風俗通義；疑其文出於齊之春秋，卽墨子明鬼篇所引。嬰死，賓客哀之集其行事，本書雖無年月，尚仍舊名。書成在戰國之世。凡稱子書，多非自著，故崇文目亦謂後人采嬰行事爲之，以爲嬰撰，則非也」云云。孫氏之說至精覈，孫氏並撰音義二卷，不減荀子之有楊倞注，而讀者可無疑晏子春秋爲僞書矣。別詳漢書藝文志講疏。

鬼谷子

漢志無隋志始有列於縱橫家唐志以爲蘇秦之書案史蘇秦傳云東事師於齊而習之於鬼谷先生索隱曰樂壹註鬼谷子書云秦蘇欲神祕其道故假名鬼谷然則其人本無考況其書乎是六朝所託無疑晁子止高似孫皆信之過矣柳子厚曰鬼谷後出而險盭峭薄恐其妄言亂世難信學者宜其不道宋景濂曰鬼谷所言捭闔鉤箝揣摩之術皆是小夫蛇鼠之智家用之則家亡國用之則國僨天下用之則天下失學士大夫宜唾去不道其中雖有知性寡累知命不憂等言亦恆語爾恆案楊升菴謂漢志有鬼谷區三篇卽鬼谷子然無考卽有之亦非今所傳也

（重考）漢書杜周傳注，服虔曰「抵音紙，陒音羲，謂罪敗而復採彈之，蘇秦書有此法。」顏師古曰「陒與戲同音，戲亦險也，鬼谷子有抵戲篇也。」據此，則鬼谷子十四篇，本當在漢志之蘇子三十一篇中，蓋蘇子爲總名，而鬼谷子其別目也。秦策記蘇秦得太公陰符之謀，伏而誦之，簡練以爲揣摩，期年，揣摩成。鬼谷子正有揣篇摩篇陰符篇，明是蘇秦自道其所得，而爲重要之部分，故後世蘇子書亡，而鬼谷子猶以別行而存也。漢人書籍，如史記太史公自序蘇秦張儀傳說苑善說篇法言淵騫篇論衡答佞明雩兩篇，及風俗通義，皆有引用鬼谷子語及事蹟。樂壹謂蘇秦假名鬼谷，尙無大謬，至柳宗元輩失考，而幾莫知鬼谷子爲何書矣。楊升菴謂漢志有鬼容區，則在術數略，與鬼谷子無涉。又後漢王符傳李注引蘇子一條，及太平御覽引蘇子二條，當俱從他書轉引而來，非必唐宋時，蘇子書猶存。別詳漢書藝文志講疏。

尹文子

漢志名家有尹文子一篇晁子止曰尹子二卷周尹文撰仲長統所定序稱周尹氏齊宣王時居稷下學於公孫龍龍稱之而漢志序此書在龍上案龍客於平原君君相趙惠文王文王元年齊宣沒已四十餘歲矣則知文非學於龍者也宋景濂曰仲長統卒於獻帝讓位之年而序稱其黃初末到京師亦

與史不合（此亦本晁說）予因知統之序蓋後人依託者也嗚呼豈獨序哉

（重考）尹文子，魏晉人僞書。馬敍倫曰「今尹文子二篇，詞說庸近，不類戰國時文，陳義尤雜，出仲長統所撰定，然仲長統之序前儒證其僞作，蓋與二篇並出僞作」是也。但晁氏之說亦殊失攷。劉歆稱「尹文學本黃老，與宋鈃彭蒙田駢等同學於公孫龍」（容齋續筆十四）攷史記六國年表魏惠王二十九年，中山君爲相，卽莊子讓王篇之中山公子牟，亦曰魏牟，而秋水篇稱公孫龍問於魏牟。魏惠王二十九年，卽齊宣王元年，是龍在齊宣初年已知名矣。至龍客於平原君，當係暮年事。呂氏春秋正名篇「齊湣王是以知說士而不知所謂士也，故尹文問其故。」則尹文亦下及湣王時，而得與龍並及趙惠文王同時，蓋俱享大年者。若漢志以尹文書次龍書前，其例正多，愈不足據。別詳漢書藝文志講疏。

公孫龍子

陳直齋曰趙人公孫龍爲白馬非馬堅白之辨者也其爲說淺陋迂僻不知何以惑當世之聽漢志十四篇今書六篇首敍孔穿事文意重複恆案漢志所載而隋志無之其爲後人僞作奚疑

（重考）戰國兵爭，馬至貴重，故各國設關而守，禁馬出關。公孫龍乃唱白馬非馬之說，遽得乘白馬而度關，此其所以馳名一世也。今存六篇，觀其先後，當出後人所敘次，斷不截然亡其第七以下八篇也。然卽所存六篇而核之，大旨欲綜覈名實，而務爲博辯，楊倞荀子注所詆爲「曲說異理」者也。（修身篇堅白同異注）呂東萊稱「告子彼長而我長之，彼而白我白之，斯言也，蓋堅白同異之祖，孟子累章辨析，歷舉玉雪羽馬人五白之說，借其矛而伐之，而其技窮，」（見漢志攷證引）然此亦儒者之見而已。新舊唐志俱有陳嗣古賈大隱注，今並亡佚，惟宋謝希深注尚存，謝詞不及龍，而欲伸龍之理，宜乎知龍之書者，日益寡矣。別詳漢書藝文志講疏。

商子

漢志法家有商君二十九篇周氏涉筆曰商鞅書亦多附會後事假取他辭非本所論著也其精確切要處史記列傳包括已盡凡史記所不載往往爲書者所附會

（重考）今商君書，當猶漢志法家之舊而有殘闕。凡子書，多非自著，身後有宦學事師者或賓客，爲之綴輯成書，故往往時代不符。商君書來民弱民二篇，皆有及商君身後事，讀者分別觀之可耳。周氏之說，殊不足據。別詳漢書藝文志講疏。

鶡冠子

漢志道家有鶡冠子一篇舊稱鶡冠子楚人隱居著書柳子厚曰余讀賈誼鵩賦嘉其辭而學者以爲盡出鶡冠子余往來京師求其書無所見至長沙始得其讀之盡淺陋言也吾意好事者僞爲其書用鵩賦以文飾之史伯夷傳稱賈子曰貪夫徇財烈士徇名夸者死權不稱鶡冠子遷號博極羣書假令當時有其書遷豈不見耶陳直齋曰韓公頗道其書而柳以爲盡淺陋言自今考之柳說爲長恆案鶡冠子漢志止一篇韓文公所讀有十九篇四庫書目有三十六篇逐代增多何也意者原本無多餘悉

後人增入與

（重考）漢志，鶡冠子一篇。隋志新舊唐志崇文目書錄解題宋志俱作三卷，讀書志通志俱作八卷。晁氏曰「今書八卷，前三卷十三篇，與今所傳墨子書同，中三卷十九篇，唐韓愈所稱愛博選學問兩篇皆在，柳宗元非之者，篇名世兵亦在，後兩卷有十九論，多稱引漢以後事，皆後人雜亂附益之。今削去前後五卷，止存十九篇，庶得其眞。」然則晁氏雖載八卷之本，而仍删之爲三卷，卽今通行本鶡冠子十九篇是也。漢志蓋以卷爲篇，或尙未分篇，韓愈所讀者止十六篇。四庫目有三十六篇，亦晁氏語，三字誤衍。姚氏俱失攷。沈欽韓曰「其中龐煖論兵法，漢志本在兵家，爲後人傳合。」此則所以由十六篇而增爲十九篇，雖增而亦古書之相合也。此書述三才變通古今治亂之道，雖雜黃老刑名，而要其歸宿，若散亂而無家者，然其奇言奧旨，亦往往而有，故昌黎頗稱道之也。別詳漢書藝文志講疏。

愼子

稱趙人愼到撰漢志法家有愼子二十四篇唐志十卷崇文總目三十七篇今止五篇其僞可知

（重考）愼子非僞書，漢志有四十二篇，今僅餘七篇，嚴可均從羣書治要中錄出。然以四部叢刊本爲最多，雖有殘闕，而所說尙明白純正，統本貫末。大略本道而附于情，主法而責於上，非盡屬刑名家言也。別詳漢書藝文志講疏。

於陵子

劉向曾上於陵子今不傳此乃明姚士麟僞撰見祕册彙函又宋鄭思肖心史相傳亦出於姚世因謂姚造余案心史言辭甚多而且鬱勃憤懣自是一種逸民具至性者之筆非可僞爲也叔祥與胡孝轅翟好搜古籍謂於吳門承天寺井中得之林茂之序謂僧君慧浚井所得或是未敢附和以爲僞書附辨於此

（重考）於陵子，明姚士粦僞造。淸四庫雜家存目已鑿言之，叔祥卽士粦也。胡孝轅卽胡震亨也。然劉向序錄亦僞作，與關尹子有劉向序錄正同，漢志無於陵子，姚氏謂「今不傳，」失攷甚矣。

孔叢子

稱漢孔鮒撰隋唐志皆無宋中興書目始有嘉祐中宋咸註前人辨孔光傳孔子八世孫鮒爲陳涉博士死於陳固不得爲漢人而其書記鮒之沒其第七卷號連叢子者又記太常臧而下迄延光三年李彥之止則又安得爲鮒撰又書中載孔子與子思問答語子思年六十三在魯穆公時穆公之立距孔子七十年子思尚或未生安得有問答之事又儒林傳所載爲博士者曰孔甲顏師古曰名鮒而字甲也此書稱名鮒字子魚亦不相合又漢志雜家有孔甲盤盂二十六篇本註謂黃帝史或曰夏帝時人與孔鮒初不相涉中興書目乃云一名盤盂亦誤也李燾以爲東漢末季彥輩爲之朱仲晦以爲即註者僞作其說近是若爲東漢人隋唐志豈應無乎

（重考）隋志論語家有孔叢七卷，注云陳勝博士孔鮒撰。其序錄稱「孔叢家語，並孔氏所傳仲尼之旨。」蓋今存孔叢子孔子家語二書，並出王肅依託。肅僞造家語，已見前，清儒多謂僞古文尚書，及孔氏傳亦出肅手。故孔叢子論書篇「宰我問禋于六宗，何謂也。孔子曰，所宗者六，皆潔祀之也，埋少牢於太昭，所以祭時也，祖迎於坎壇，所以祭寒暑也。主於郊宮，所以祭日也。夜明所以祭月也。幽禜所以祭星也。雩禜所以祭水旱也。禋于六宗，此之謂也。」其說與僞孔傳僞家語並同，此卽王肅僞造孔叢之證也。朱子以爲注者僞作，殊不知宋咸注此書，咸固萬無作此書之魄力也。惟此書記孔氏事，上起季周之孔子，下訖東漢之季彥，則孔叢云者，仍猶孔子家語之意爾。隋志云孔鮒撰，亦殊未合。

文中子 一名中說

稱隋王通撰宋阮逸註世有以其姓名史所不載疑併無其人者案王仲言揮麈錄曰唐李習之嘗有讀文中子劉禹錫作王華卿墓志載其家世及通行事甚詳皮日休有文中子碑見文集胡元瑞又言王勃傳稱祖通隋末大儒則是有其人矣又有疑其書爲阮逸僞造者案唐志已有五卷胡元瑞謂劉蕡已斥其擬經之罪則又非皆逸僞造矣予謂既有其人又其書爲所作則適以見通一妄夫耳爾何人斯而敢上比孔子作僞書以擬論語乎卽孔子之後再有聖人亦當別出言行未聞有比擬其書便

可爲聖人者甚至於顏子亦取一門人蚤死者擬之其可惡甚矣若夫揑造唐初宰相以爲門人當時英雄勳戚輩直斥之無婉詞又何其迂誕不經也以至武夫悍卒日僕僕於其門而問道講經雖三尺之童亦知其無是事矣說者又以爲出於其子福郊福時之所爲然則其父報仇子且行劫有所由來寧足爲通洗罪乎至其書之舛錯者尤不一焉如仁壽四年通始至長安李德林卒已九年而書有德林請見之語江都有變而書有泫然而興之言關朗在太和中見魏孝文自太和丁巳至通生之歲開皇四年甲辰一百七年矣而書謂問禮於關子明隋書薛道衡子收初生卽出繼族父儒至於長成不識本生而書有薛公命子往事之之語此皆晁氏所摘發者若此抑又無論矣自宋之程朱極爲揄揚以爲隱德君子以爲其學近正以爲愈於退之自此後人遂依聲附和不敢於輕議噫其書中以佛爲聖人以無至無迹爲道以五典潛五禮錯爲至治亦曾見之否耶諸人於其舛錯悖戾率舉而歸之於二子與阮逸然則通之善處又安在也自予論之惟以此書爲阮逸僞造則已通猶可解免若以爲非阮逸僞造則無可解免矣卽以爲福郊福時之所爲亦於通無可解免矣通耶郊時耶逸耶吾不得而知之總不若火其書之爲愈也

（重考）晁氏云「隋王通之門人，共集其師之語，爲是書，」又首揭發其紕繆於事實，深可怪笑者不一而足，似歸獄於門人所爲也。然晁氏旣疑房杜李魏二溫王陳皆非其門人，則門人爲誰，又不能言也。故清四庫據楊盈川集杜樊川集，文中子確有其人，因斷言宋咸必以爲實無其人，洪邁必以爲其書出阮逸所撰，誠爲過當，而出於其子福郊福畤等纂述遺言，虛相夸飾而成也。」然郊畤等未有文譽，故章炳麟據唐書文藝傳，「王勃祖通，嘗起漢魏盡晉作書百二十篇，續古尙書，有錄無書十篇，勃補完缺逸，定著二十五篇。」因推定中說與文中子世家，亦勃所依託也。雖然，隱逸傳「又稱王績兄通，隋末大儒也，倣古作六經，又爲中說以擬論語，不爲諸儒稱道，故書不顯，惟中說獨存。」疑通確有遺文，身後子孫兄弟從而張大之，故有種種誇誣之言也。唐志中說五卷，乃字之誤，通志崇文目讀書志等皆作十卷，與今本每篇一卷，凡十卷，正合。末附者復有五篇也。

六韜

漢志無隋志始有稱呂望撰漢志儒家有周史六弢六篇顏師古曰卽今之六韜案六弢之名出莊子然漢志儒家非兵家其辭俚鄙僞託何疑或以其有避正殿語此乃秦漢事然亦無煩辨此也惟一端極可笑者胡元瑞曰六韜有太公陰符篇云主與將有陰符凡八等克敵之符長一尺破軍之符長九寸失利之符長三寸而止蓋僞撰之人不識陰符之義以爲符節之符也

（重考）漢志儒家周史六弢六篇，沈氏濤銅熨斗齋隨筆云「六蓋大字之誤，古今人表有周史大㢸，古字書無㢸字，篇韻始有之，當爲弢之誤。莊子則陽篇仲尼問於太史大弢，蓋卽其人，此乃其所著書，故班氏有孔子問焉之說」如是，則列於儒家，宜矣。莊子徐无鬼篇「橫說之則以詩書禮樂，從說之，則以金板六弢」此六弢當然爲兵書。弢韜古字通，卽太公六韜，在漢志太公二百三十七篇之內者。太公書甚多，而六韜卽太公書之篇名，以總包於太公書之內，漢書不著其別目，非無此書也。姚氏攷之未明，故云然耳。陰符卽兵符，有何可笑，亦未免少見多怪。然今本六韜與羣書治要所載異，已非漢隋唐志之舊，而爲宋元豐間所改定本，孫星衍有校本及輯佚文，別詳漢書藝文志講疏。

司馬法 一名司馬穰苴兵法

史司馬穰苴傳曰齊威王使大夫追論古者司馬兵法而附穰苴於其中因號曰司馬穰苴兵法論曰余讀司馬兵法閎廓深遠雖三代征伐未能竟其義如其文也亦少褎矣若夫穰苴區區爲小國行師何暇及司馬兵法之揖讓乎恆案漢志以此書列於經之禮類曰軍禮司馬法百五十五篇言軍禮者本於劉歆七略周禮大宗伯有吉凶軍賓嘉五禮之說故以之入於禮類而曰軍禮其實五禮之說謬妄不足據也司馬兵法之書今不可見其中必多揖讓儀文故史遷亟稱之曰三代未竟其義又曰司馬兵法之揖讓也但班氏既分子類依任宏兵家四種奈何又以司馬兵法入於經之禮類乎此班氏之誤也當時百五十五篇隋志三卷不分篇已亡矣今此書僅五篇爲後人僞造無疑凡古傳記所引司馬法之文今書皆無之其篇首但作仁義膚辭亦無所謂揖讓之文間襲戴記數語而已若然史遷奚至震驚之以爲三代不能竟其義乎是不惟史遷所謂司馬兵法今不復見卽所謂附穰苴於其中

號曰司馬穰苴兵法者亦不復見矣

(重考)班固漢志以司馬法，列於經之禮類，自不可非。司馬遷震驚其文，以爲三代不能遠過，觀今雖殘帙無多，而文詞亦庶幾近之。隋唐志題司馬穰苴撰，清四庫據史記本傳，正爲齊國諸臣所追輯，非穰苴撰者是也。至古傳記所引司馬法之文，今書皆無之，則佚文甚多，似未可遽據以爲僞作之證也。別詳漢書藝文志講疏。

吳子

稱魏吳起撰漢志四十八篇今六篇其論膚淺自是僞託中有屠城之語尤爲可惡或以其有禮義等字遂以爲正大非武之比誤矣

(重考)此書漢志四十八篇，未審何狀，而今本六篇，首尾起訖一貫，結構過小，已可疑非原書矣。章炳麟謂一書中所載器物，多非當時所有，蓋是六朝人依託」云。別詳漢書藝文志講疏。

黃石公三略

漢志無隋志始有其稱黃石公者史載張良過下邳圯上老人授書曰太公兵法也或又以爲黃石公所授故稱之隋志無以名之乃曰下邳神人撰甚可笑其僞無疑

（重考）隋志題神人撰，誠爲荒謬。史漢張良傳良受圯上老人書，乃太公兵法也。漢志兵書略稱「漢興張良韓信序次兵法。」又於兵權謀十三家下，稱省伊尹太公等三百五十九種以此推之，良所得書，亦似當與六韜同在太公二百三十七篇之內。今觀六韜三略文詞俱相似，可證也。自傳學者別尊之曰黃石公書，又以三卷，故而稱曰略。卽黃石公三略之名所由來歟。考隋志兵家，梁有太公陰謀三卷，太公兵法三卷，黃，公記三卷，黃石公略注三卷，要俱似同書而別本，故分別著錄。孫詒讓曰「隋志云黃石公三略三卷，梁又有黃石公記三卷。案後漢書臧宮傳，光武詔引黃石公記曰『柔能制剛，弱能制彊，』馬總意林引黃石公記云『與衆好生者靡不成，與衆同惡者靡不傾，』文竝見今本上略，又云『四民用虛，國家無儲，四民用足，國家安樂，』文見下略，是黃石公三略即七錄之黃石公記也。隋志分爲二，似失攷。」孫說甚覈。又考讖語起於六國之間，三略多志軍讖，亦足爲秦漢古書之證。

尉繚子

漢志雜家有二十九篇兵家有三十一篇今二十四篇其首天官篇與梁惠王問對全倣孟子天時不如地利章爲說至戰威章則直舉其二語矣豈同爲一時之人其言適相符合如是耶其僞昭然又曰古之善用兵者能殺士卒之半其次殺其十三其下殺其十一能殺其半威加海內殺十三者力加諸侯殺十一者令行士卒教人以殺垂之於書尤堪痛恨必焚其書然後可也史稱楊素每臨敵必求人過失而斬之多至百人流血盈前言笑自若對陣輒令數百人出不能陷陣而還者悉斬之如是往復爲常正與此說同

（重考）漢志兵形勢家尉繚子三十一篇，今存二十四篇，而佚其七篇，鄭樵通志未審漢志有兩尉繚，而妄詆班固，過矣。天官至兵令二十四篇，皆言刑政兵戰之事，多近于正，與戰國權謀頗殊。至其卒章所云「古之善兵用者，能殺士卒之半」云云，驗諸近世火器殺人之利，不殊燭照數計於千年之前，以知古人所謂兵凶戰危，洵凜乎其言之也。張橫渠早年喜談兵，嘗注此書而不傳。又史記始皇本紀載有大梁人尉繚來說秦王，距梁惠王鬼谷子時已甚遠，當別是一人。別詳漢書藝文志講疏。

李衛公問對

晁子止曰史臣謂李靖兵法世無完書略見於通典今問對出於阮逸家或云逸因杜氏附益之陳直齋曰亦假託也文辭淺陋尤甚今武學以七書試士謂之武經何蘧春渚紀聞言其父去非爲武學博士受詔校七書以六韜問對爲疑白司業朱服服言此書行之已久未易遽廢遂止（恆案今七書以六韜問對抑置於後者朱服因何去非此言也）後爲徐州教授與陳師道爲代師道言聞之東坡世傳王通元經關朗易傳及李靖問對皆阮逸僞撰逸嘗以草示奉常公云奉常公者老蘇也馬貴與曰四朝國史神宗詔樞密院曰唐李靖兵法世無全書雜見通典離析訛舛又官號民物與今稱謂不同

武人將佐不能通其意令樞密院官與王震曾旼王白郭逢原等校正分類解釋令今可行豈卽此問對三卷耶或別有其書也然晁陳二家以爲取通典所載附益之則似卽此書然神宗詔王震等校正之說旣明見於國史則非逸之假託也恆案今世傳者當是神宗時所定本因神宗有武人將佐不能通曉之詔故特多爲鄙俚之辭若阮逸所撰當不爾意或逸見此見未慊其志又別撰之而世已行此書彼書不行與然總之爲僞書矣

(重考)胡應麟四部正譌中力詆此書，謂「其詞旨淺陋猥俗，兵書之最不足采者，而宋人以列九經，殊可笑。按阮逸所撰中說序，及關朗易傳等文，各可觀，不應鄙野至是。此書不特非衞公，亦非阮逸。當是唐末宋初俚儒村學，掇拾貞觀君臣遺事杜佑通典原文，傅以閭閻耳口，武人不知書，悅其膚近，故多讀之」云云。但東坡既有此言，必非無據。姚氏疑阮逸書已不行，今本當是神宗時所定，便於武人，特多爲鄙俚之辭，說亦近理。

已上六韜至問對凡六書暨孫子宋元豐中定爲七書謂之武經以取武士今世仍之故予亦類記焉

其孫子別出于後七書中惟孫子爲古餘皆僞可廢也

素書

稱黃石公撰宋張商英注卽商英所僞撰荒陋無足辨

（重考）胡應麟四部正訛中謂「此書所稱仁義道德，皆剽拾老莊之膚語，傳合周孔之庸言，而「悲莫悲于精散，病莫病于無常」等詞。又仙經佛典之絕淺近者，使商英不爲此書，或爲之而匿其姓名，亦未知其學之陋，一至是也。若序稱子房以殉墓中，自諸葛孔明而下，皆不得聞，則三尺童子業能呵斥矣。」元瑞此言誠能曲中其失。徒以此書雖僞，尙近古道家宗旨，頗有合於以柔制剛以進爲退之理，故至今尙傳耳。

心書

稱諸葛亮撰僞也

（重考）蜀志諸葛亮傳詳列著作於後，初無是書之名，隋唐諸志宋人書目亦俱不載之，故是書最爲晚出。自兵機以迄北狄，凡五十五篇，篇幅俱不甚長，卽可知其窘於才矣。大都剽掇孫吳家言，而傳益以迂陋之談，與所傳十六策及將苑二書同一厚誣前賢，皆不足究詰也。清張鵬翮撰忠武志，朱璘編諸葛丞相集，皆取是書，未免寡識。

風后握奇經

後世僞撰

（重考）漢志兵陰陽有風后十三篇，隋志有黃帝蚩尤風后行軍祕術二卷，其書均久佚無可攷，唯唐獨孤及八陣圖記始有「風后握機制勝，作爲陣圖」之語，其所記皆與今風后握奇經吻合，蓋卽唐末宋初人所依託，故李衞公問對稱太宗曰「黃帝兵法，世傳握奇文，或謂爲握機文，何謂也」云云。蓋衞公問對亦此時所出僞書，故相印合也。新舊唐志俱不載，至宋中興館閣書目，始載風后握機一卷，據僞晉馬隆序，今本當卽其書。雖空言而具有條理，亦以中國兵事學無進步，故流傳八九百年，爲談兵家所祖已。清李光地張惠言俱有握奇經注，大可不必。

周髀算經

漢志無隋志始有周髀之義未詳或稱周公受之商高故曰周髀則益誣矣

（重考）周者，圜也髀者股也表也，以勾股爲術，故曰周髀。周公商高問答，其本文也。榮方陳子以下，所推衍也。其文，辭簡而意該，理精而用博，實言數者所不能外。其圓方矩度之規，推測分合之用，莫不與西法相爲表裏。臧玉林琳曰「此篇文句簡質，義蘊精深，當是先秦古書，非後人所能托撰」諒哉。不見於漢志者，蓋漢中祕所不藏，故不著錄也。今歐西測天，專恃三角八線，所謂三角卽古之句股也，而中國卽見端於此書，豈非世界算法之統宗乎。漢趙君卿爽爲之注，亦卓絕不磨。

石中星經

史天官書引齊甘公魏石申今傳有石申星經亦僞也

(重考)史記天官書言齊有甘公，魏有石申，(漢志作楚有甘公魏有石申夫)皆在戰國時，非漢人也。嘗考天官書詞致古奧，自成一種文字，此必出於甘石之傳，非司馬子長所能自造，故班孟堅卽取之以作漢書天文志，後之言天象者，舍史漢而別求甘石之經，何異棄周鼎而求康瓠。今漢魏叢書本星經二卷，題漢石申撰。據隋唐志俱有星經簿讚一卷而無星經二卷，至讀書志通考宋志始有甘石星經一卷，竟指爲甘石合撰。又別有石氏星簿讚歷一卷，當卽隋唐志之星經簿讚而不同也。晁氏稱「甘石星經以日月五星三垣二十八舍恆星圖象次舍，有占訣以候休咎，」今本自四輔六甲以下一百六十二節，合之晁氏所稱，約略相同，當卽一書，實後人采晉隋二志之文成之，詞意淺近，必非古書，故讀漢書天文志注，易乾鑿度鄭注引星經，今本皆無之。是知劉宣卿所見之星經，尙是眞古書，未審佚於何時，而今本星經，當屬北宋人所僞託可如也。

續葬書

陳直齋曰稱郭璞撰鄙俗依託

撥沙經

晁子止曰唐呂才撰蓋依託者

黃帝素問

漢志有黃帝內經十八卷隋志始有黃帝素問九卷唐王砅爲之註砅以漢志有內經十八卷以素問九卷靈樞經九卷當內經十八卷實附會也故後人於素問係以內經者非是或後人得內經而析其一篇爲素問亦未可知素問之名人難卒曉予案漢志陰陽家有黃帝泰素此必取此素字又以與岐伯問故曰素問也其書後世宗之以爲醫家之祖然其言實多穿鑿至以爲黃帝與岐伯對問益屬荒誕無論隋志之素問卽漢志所載黃帝內外經竝依託也他如神農軒轅風后力牧之屬盡然豈眞有其書乎或謂此書有失侯失王之語秦滅六國漢諸侯王國除始有失侯王者予案其中言黔首又臧氣

發時曰夜半曰平旦曰日出曰日中曰日昳曰下晡不言十二支（古不以地支名時）當是秦人作又有言歲甲子（古不以甲子紀年）言寅時則又漢後人所作故其中所言有古近之分未可一槩論也

靈樞經

晁子止曰或謂好事者於皇甫謐所集內經倉公論中抄出之恆案此書又下素問一等餘說見素問

（重考）漢志載黃帝內經十八卷，王冰序謂「素問卽其經之九卷，兼靈樞九卷，迺其數焉。」故隋志止有素問九卷，鍼經九卷，而無內經之稱，鍼經卽靈樞經也。故內經者其總名，而素問靈樞皆其別目也。張仲景撰傷寒卒病論集云「撰用素問，」皇甫謐甲乙經序云「素問論病精辨，」王叔和撰脈經云「出素問鍼經」是素問之名上起漢晉，不始隋志也。疑素亦如素王素封之素，素者空也憑空設問，非其事實，與孝經之設爲問答而成書同一著述之體也。然靈樞乃經也，而素問爲之傳，特以問答體成書也。新舊唐志俱有鍼經十卷，又俱別有九靈經十二弅卷，卷數多寡，隨時分併無定。中興館閣書目云「黃帝鍼經九卷八十一篇，與靈樞經同，鍼經以九鍼十二原爲首，靈樞以精氣爲首，間有詳略，（王厚齋漢志攷證引）是則九靈經卽靈樞，王冰已名靈樞，靈樞鍼經篇次先後詳略稍殊，實是同書，以別本而異名。晁氏引或說「好事者於皇甫謐內經倉公論中抄出之，」固屬不確。今則鍼經亡而靈樞存，不過失古書之一別本耳。別詳漢書藝文志講疏。

神農本草

漢志無案漢平帝紀詔天下舉知方術本草者本草之名始見於此梁錄載神農本草經三卷隋志因之書中有後漢郡縣人名以爲東漢人作也其後以代日增今竝雜爲一不可致詰矣

（重考）本草之名，亦見漢書樓護傳，而漢志方技略，祇有神農黃帝食禁七卷。當中國北宋時，日本人康賴著醫心方（二十九）引本艸食禁云「正月一切肉不食者吉」等語，據此，則隋志載神農本草八卷，當卽漢志之食禁矣。曰食禁，曰本草，曰本艸食禁，蓋詳略變言之殊。今神農本草經三卷，問經堂叢書本，清孫星衍馮翼同輯。別詳漢書藝文志講疏。

秦越人難經

晁子止曰漢志亦但有扁鵲內外經隋志始有難經唐志遂屬之越人皆不可考恆案傷寒論序云撰用素問九卷八十一難八十一難者卽指素問九卷而言也六朝人又爲此絕可笑

(重考)張仲景傷寒論序之「撰用素問九卷八十一難」，非指此難經，姚說是也。漢志扁鵲內經九卷，蓋其遺文，尚有見於眞脉經千金方及外臺秘要所引扁鵲脈法，然俱不見難經中，則難經非扁鵲書，甚明也。且難經專爲創立氣口之寸關尺脈法而作，與靈樞素問三部九候之說不同，而與張仲景王叔和脈法亦不合，淸徐大椿已攻之。最近廖平斷爲六朝人僞作，詳所著難經經釋補證。

脈訣

稱晉王叔和撰晁子止曰皆歌訣鄙淺之言後人依託者然最行於世吳崑脈語序曰五代高陽生僞

撰

（重考）王叔和卽王熙，章炳麟菿漢微言有攷證甚明，王叔和脈經十卷，隋志新唐志崇文目讀書志通考宋志俱著錄。而書錄解題載脈訣機要三卷云「王叔和撰，通眞子注，熙寧以後人也，」晁氏又別出脈訣一卷云「王叔和撰，皆歌訣鄙淺之言，後人依託者，然最行於世，」據此，則知通眞子所注者，當爲僞本脈訣而已，非眞脈經也。叔和眞脈經今尚存，所惜魚目混眞，最通行者，乃其贋鼎耳。

神異經

十洲記

已上二書稱東方朔撰陳直齋曰二書詭誕不經皆假託也漢書本傳敍朔之辭末言劉向所錄朔書具是矣世所傳他事皆非也贊又言朔之詼諧逢占射覆其事浮淺童兒牧豎莫不炫耀而後世好事者因取奇言怪語附著之朔故詳錄焉史家欲祛妄惑可謂明矣

（重考）神異經十洲記二書，幷非漢世好事者依附之作。考其文格，雅近齊梁間人所爲，要爲六朝人一手所假託。故辭采過於縟麗，頗便詞章家所取資。若於地理道家，均無當也。

列仙傳

稱劉向撰陳直齋曰傳凡七十二人每傳每贊似非向撰西漢人文章不爾也攷案漢志載向新序說苑世說列女傳而無列仙傳可證其僞殆因列女而有此列仙歟其云歷觀百家之中以相檢驗得仙者百四十六人其七十四人已在佛經故檢得七十二人可以爲多聞博識者遐觀焉西漢之時安有佛經其爲六朝人所作自可無疑也

（重考）據漢志及劉向本傳不載此書，斷爲非向撰，是也。而斷爲六朝人作，則非也。漢書郊祀志司馬相如傳應劭注，各有引列仙傳一條，抱朴子極言篇亦有引列仙傳一條，則此書當爲漢末人所依託，因向嘗得淮南枕中鴻寶之書一案而託之，且仿列女傳之體也。郝懿行妻王照圓有列仙傳校正本，

洞冥記

稱郭憲撰胡元瑞曰郭子橫生西京末其文字不應遽爾蓋六朝僞作

（重考）胡說是也，此書原序止作洞冥記。或稱漢武洞冥記亦或稱別國洞冥記，皆後人所加也。其序記皆荒誕不可究詰而詞華豔麗，且不類東漢人之文，當然爲六朝人所依託，故唐人始采用之也。

博物志

稱張華撰唐殷文奎爲註曰張華讀三十車書作博物志四百卷武帝以爲繁止作十卷案此書淺猥無足觀決非華作殷之所云正以飾是書之陋耳魏晉間人何嘗有著書四百卷者且從中選得十卷不知當若何佳今乃爾耶

（重考）四百卷語，見王嘉拾遺記，不足據，漢魏叢書本博物志十卷，清四庫（一小說家）著錄，非張華原書，蓋後人采掇諸書所成。別有原本博物志十卷，宋周日用等注，黃丕烈士禮居叢書刊本，黃氏序云「汲古閣影鈔宋本，與今世所行本，夐然不同，嘗取而讀之，乃知茂先此書，大略撮取載籍所爲，故自來目錄皆入之雜家。其體例之獨創者，則隨所撮取之書，分別部居，不相雜廁，如卷首括地象畢，方繼以考靈耀是也，以下雖不能條舉所出，然列於山海經逸周書等，皆顯然可驗。今本强立門類，割裂遷就，遂使蕩析離居，失其指趣，致爲巨謬矣。考讀書志及通考皆載周日用注十卷，卽是此本，遂刻之，以正分本之失」云云。此本洵較詳備。然攷隋志又載張公雜記一卷，注云張華撰，梁有五卷，與博物志相似，小小不同，又有雜記十一卷，注云張華撰。新唐志亦載張公雜記一卷，然則史記索隱續漢志注三國志注文選注及藝文類聚初學記太平御覽所引，多有出於此原本博物志外者，或卽張公雜記之文歟。

杜律虞註

稱元虞集註楊用修曰本不出自伯生筆乃張伯成爲之後人駕名於伯生耳恆案伯生集有杜詩纂例序一篇想以此訛爲伯生耶

重考古今僞書考

新安姚際恒原著　　武進　顧實　重考

卷四　雜類

有眞書雜以僞者（經則禮記儀禮有之竝詳本書茲不復綴）

三禮考註

吳澄撰楊士奇序以爲晏璧會掩爲己作又以公纂言敍錄考之多所增加禮義率混淆無別羅倫序亦以爲所增者非公手筆無疑

（重考）元史本傳，及虞道園所撰墓誌，皆不載此書。據卷首東里跋，羅一峯序所云，實明初晏彥文璧所作，託之吳氏也。朱氏經義考稱「草廬先生諸經解，各有敍錄，余購得周官禮，乃先生孫當所補，其餘儀禮則有逸經，戴記則有纂言，今所傳三禮考注，以驗對先生之書，論議體例，多有不合，其爲晏氏僞託無疑，」竹垞之說是也。

文子

漢志道家有文子九篇本註云老子弟子與孔子竝時而稱周平王問似依託者也唐志錄魏李暹註爲十二篇與今篇次同晁子止疑爲暹析之李暹註傳曰姓辛葵丘濮上人號曰計然范蠡師事之本受業於老子錄其遺言爲十二篇云陳直齋曰案史貨殖傳徐廣註計然范蠡師名裴駰曰計然姓辛字文子唐徐靈府引以爲據然自班固時已疑依託况未必當時本書乎至以文子爲計然之字尤不可考信案直齋此辯則李暹固承前人之訛以文子爲姓辛名鈃又號計然也辨其文者柳子厚曰其辭有若可取其旨意皆本老子然考其書蓋駁書也其渾而類者少竊取他書以合之者多凡孟子數家皆見剽竊嶢然而出其類其意緒文辭又互相抵而不合不知人之增益之歟或者衆爲聚斂以成其書歟今刪去謬惡亂雜者取其似是者又頗爲發其意藏於家案河東之辨文子可謂當矣其書雖僞然不全僞也謂之駮書良然其卽李暹爲之歟高似孫謂子厚刊之書今不可見

（重考）文子僞書，半襲淮南子，守山閣叢書本有校勘記，甚詳，章炳麟謂亦晉張湛所僞託，似近是。至文子本老子弟子，亦爲子夏弟子，並非辛文子計然。別詳漢書藝文志講疏。

莊子

蘇子瞻疑盜跖漁父讓王說劍四篇非莊子作其言曰莊子蓋助孔子者皆實予而文不予陽擠而陰助之其正言蓋無幾至於詆訾孔子未嘗不微見其意其論天下道術自墨翟以至老聃之徒至於其身皆以爲一家而孔子不與其尊之也至矣嘗疑盜跖漁父則眞若詆孔子者至於讓王說劍皆淺陋不入於道晁子止辨之曰熙寧元豐之後學者用意過中以爲莊子陽訾孔子而陰尊焉遂引而內之殊不察其言之指歸宗老耶宗孔耶既曰宗老矣詎有陰助孔之理也耶是何異開關揖盜竊懼夫禍之過於西晉也案晁氏此辨可謂至正殊有關係蘇氏兄弟本溺好二氏其學不純故爲此詖淫之辭第蘇之疑此四篇是也其用意誤爾予之疑與蘇同而用意不同莊之訾孔餘尙蘊藉此則直斥嫚罵便無義味而文辭俚淺令人厭觀此其所以爲僞也

（重考）晁氏辨正蘇氏，謂莊子陽訾孔子而陰尊之，其說亦未確當。蘇氏巧辨，更不足取已。盜跖漁父讓王說劍四篇，亦未必莊子自著，當出其徒之手，然司馬遷已云「莊子作漁父盜跖胠篋以詆訾孔子之徒，」則司馬遷所見莊子，早有此諸篇。後世崇儒尊孔，惡其對於孔子，過使難堪，遂多方疑此諸篇之僞作。並有謂其文筆不類全書，詞過淺露爲僞者，不知語有文質，一人之詞，尙有前後不同，何可執一而論乎。章炳麟曰「莊子晚出，其氣獨高，不憚抨彈前哲，憤奔走游說之風，故作讓王以正之，惡智取力攻之事，故作胠篋以絕之，」此正持平之談。別詳漢書藝文志講疏。

列子

稱列禦寇撰劉向校定八篇漢志因之向云鄭人也與鄭繆公同時柳子厚曰劉向古稱博極羣書然其錄列子獨曰鄭繆公時人鄭繆公在孔子前幾百載列子書言鄭殺其相駟子陽則鄭繻公二十四年當魯繆公之十年向蓋因魯繆公而誤爲鄭爾案柳之駁向誠是晉張湛註已疑之若其謂因魯而誤爲鄭則非也向明云鄭人故因言鄭繆公豈魯繆公乎况書中孔穿魏牟亦在魯繆公後則又豈得爲魯繆公乎高似孫曰太史公不傳列子如莊周所載許由務光遷猶疑之所謂列禦寇之說獨見於

寓言耳遷於此詎得不致疑耶莊周末篇敍墨翟禽滑釐愼到田駢關尹之徒以及於周而禦寇獨不在其列豈禦寇者其亦所謂鴻蒙列缺者與然則是書與莊子合者十七章其間尤有淺近迂僻者出於後人會粹而成之耳案高氏此說最爲有見然意戰國時本有其書或莊子之徒依託爲之者但自無多其餘盡後人所附益也以莊稱列則列在莊前故多取莊書以入之至其言西方聖人則直指佛氏殆屬明帝後人所附益無疑佛氏無論戰國未有卽劉向時又寧有耶則向之序亦安知不爲其人所託而傳乎夫向博極羣書不應有鄭繆公之謬此亦可證其爲非向作也後人不察咸以列子中有莊子謂莊子用列子不知實列子用莊子也莊子之書洸洋自恣獨有千古豈蹈襲人作者其爲文舒徐曼衍[illegible]仍寓拗折奇變不可方物列子則明媚近人氣脈降矣又莊之敍事回環鬱勃不卽了了故爲眞古文列之敍事簡淨有法是名作家耳後人反言列愈於莊柳子厚曰列較莊尤質厚洪景盧曰列子書事簡勁宏妙多出莊子之右宋景濂曰列子書簡勁宏妙似勝於周王元美曰列子與莊子同敍事而簡勁有力如此之類代代相仍依聲學舌噫以諸公號能文者而於文字尚不能盡知況識別古書乎又況其下者乎

（重考）列子魏晉間人僞書，不可與莊子管子等同論，卽文詞而觀，亦區以別矣。據張湛序文，則此書原出湛手，其卽爲湛僞託無疑。晉太康中，汲冢書始出，而周穆王篇，卽取穆天子傳，尤足爲明證。然僞文子半襲淮南，僞古文尙書襲取古書最多，此書實介乎二書之間。汪繼培謂其「會粹補綴之迹，諸書具在，可覆按也，」甚確。第據陳壽昌南華眞經識餘之莊列異同一篇觀之，卽可知其襲莊子之多矣。洪景盧輩之說，固不值一哂也。別詳漢書藝文志講疏。

管子

晁子止曰杜佑指略序云其書載管仲將沒對桓公之語疑後人續之而註頗淺陋恐非玄齡或云尹知章也葉正則曰管子非一人之筆亦非一時之書以其言毛嬙西施吳王好劍當是春秋末年又持滿定傾等語亦種蠡所遵用也又曰管氏獨鹽筴爲後人所遵言其利者無不祖管仲使之蒙垢萬世甚可恨也左傳載晏子言海之鹽蜃祈望守之以爲衰微之苛斂陳氏因爲厚施謀齊而齊卒以此亡然則管仲所得齊以之霸晏子安得非之孔子以器小卑管仲責其大者也使其果猥瑣爲市人之術

孔子亦不暇責矣故管子之尤謬妄者無過於輕重諸篇恆案其大匡中匡小匡諸篇亦本論語「一天下爲辭又曰召忽之死也賢其生也管仲之生也賢其死也亦本論語又兵車之會六乘車之會三本國語又言春秋所以紀成敗管未見春秋也漢志八十六篇今篇數同大抵參入者皆戰國周末之人如稷下游談輩及韓非李斯輩襲商君之法借管氏以行其說者也故司馬遷嘗取之以爲封禪書

（重考）韓非子五蠹篇「藏管商之法者家有之」可見管子傳學之盛。而以歷時之久，非商君可比，故今存子書內容之複雜者莫如管子。管子篇目之種類，有經言外言內言短語區言雜篇管子解管子輕重等，顯爲一書而連後人之注解，并包在內，宜乎下及管子身後而并有戰國時事也，論者多不究終始，輒挾其一二端以疑全書之眞，亦可謂不善古書者矣。俞樾古書疑義舉例之古書傳述亦有異同例，謂「國語齊語本齊國史記而管子小匡篇多與齊語同，而稍變之，由管氏之徒，刺取國史，以爲家乘，於是更易其文，專美夷吾」云云，曲園眞善讀古書者。至於理財之道，利弊不一，然理財之係於國家強弱存亡，今日三尺童豎咸能言之，此正管子之成功，不足以爲管子病。別詳漢書藝文志講疏。

賈誼新書

漢志賈誼五十八篇隋賈子十卷唐卷數同隋始加新書之名陳直齋曰多錄漢書語其非漢書所有者輒淺駁不足觀決非誼本書也

（重考）今存賈誼新書，尚是漢志之舊，而稍有殘闕。誼治左氏傳，爲作訓詁，故書中多左氏古誼，章炳麟曰「賈生書引用左氏內外傳極多，而其中道術篇六術篇道德說篇正是訓詁之學，有得於正名爲政之學者。」故此書可寶，不獨子言而又經訓也。陳直齋不知漢書錄此書，而反謂此書錄漢書，過矣。別詳漢書藝文志講疏。

傷寒論

漢張仲景撰晉王叔和集此書本爲醫家經方之祖然駁雜不倫往往難辨讀者苦不得其旨要予友

桐鄉錢曉城煊謂此書爲王叔和參以己說故眞僞閒雜致使千載蒙晦著有醫學辨謬一書分別仲景書之眞僞兼論醫家源流雖議論不無過高使世俗驚駭然理自不可易誠爲醫家獨開生面者也今其書藏於家（予謂王叔和脈訣前人多稱其僞此或併非叔和乃後人依託其名者）

（重考）張仲景卽張機，章炳麟菿漢微言有考證甚明。隋志載梁有張仲景辨傷寒論十卷，新唐志載王叔和張仲景傷寒卒病論十卷，蓋其書爲叔和所編次，故卽屬之叔和也。讀書志書錄解題通志宋志俱作仲景傷寒論十卷，傳於今者，宋開寶中高繼沖所獻。治平二年，林億等所校。明趙開美以宋本摹刻，與成無已注本並行，至清而佚，入日本楓山秘府。日本安政三年，其國人丹波元堅又重摹之，由是復傳入中國。陳振孫云「其文辭簡古奧雅，古今治傷寒者，未能出其外者也。」今日本人精於醫術，始知其書所治病甚廣，不限定於傷寒，并西醫所不能治之病，漢醫亦能治之云。然成無已本，蓋卽林億校本而有所損益，并删去其校語者。自明以來，方有執喻昌諸家，又橫以王叔和所編爲失次，任意改編，以求仲景之原本，則誣妄彌甚矣。

金匱玉函經 又名金匱要略

稱漢張仲景撰晉王叔和集案此非仲景撰乃後人僞託者其稱王叔和集說見上

（重考）張仲景王叔和皆中國不朽之名醫，姚氏以僞脉訣而不慊於王叔和，誤矣。脈訣已見前。隋志傷寒論十卷之外，又載張仲景方十五卷，新舊唐志同，而俱冠以王叔和三字，則亦以其爲叔和所編次，故卽屬之叔和也。蓋傷寒論十卷爲單論本，而五卷卽金匱玉函，合之適得十五卷也。且外臺祕要所引，概稱張仲景傷寒論，而證類本草引之，又概稱金匱玉函方，是其異名同實，無疑也。其被以金匱玉函之名者，必後人寶藏之故名也。然隋唐五卷，宋時蓋分爲八卷，而宋志稱金匱要略方三卷，金匱玉函八卷，其八卷本成無已許叔微尙時引其文，而元明以來不可見，今傳者三卷本而已。晁氏稱「仁宗朝王洙得於館中，用之甚效，合二百六十二方。」又林億序云，「王洙在館閣日，於蠹簡中得仲景金匱要略方三卷。」要略者不詳之謂。蠹簡則非完書可知。故今傳者，猶爲殘闕不完之本。姚氏乃詆爲後人僞託，失考甚矣。

有本非僞書而後人妄託其人之名者

爾雅

漢志附於孝經後隋志附於論語後皆不著撰人名唐陸德明釋文謂釋詁爲周公作蓋本於魏張揖所上廣雅表言周公制禮以道天下著爾雅一篇以釋其義此等之說固不待人舉張仲孝友而後知其誣妄矣鄭漁仲註後序曰離騷云使涷雨兮灑塵故釋風雨云暴雨謂之涷，此句專爲離騷釋故知爾雅在離騷後綮奚止離騷後古年不係干支此係干支殆是漢世又案此書釋經者也後世列之爲經亦非是

（重考）張揖上爾雅表云「周公著爾雅一篇，今俗所傳三篇，或言仲尼所增，或言子夏所益，或言叔孫通所補，或言郝梁文所考，」其說然否未易定之。然觀爾雅釋詁篇「林，烝，天，帝，皇，王，后，辟，公，侯，君也。弘，廓，宏，溥，介，純，夏，幠，厖，墳，嘏，

丕，奕，洪，誕，戎，駿，假，京，碩，濯，訏，宇，穹，王，路，淫，甫，景，廢，壯，冢，簡，菿，昄，晊，將，業，席，大也。」邢昺疏引尸子廣澤篇云「天，帝，皇，后，辟，公，弘，廓，宏，溥，介，純，夏，憮，冢，晊，昄，皆大也。十有餘名而實一也。」雖古人引書，往往斷章取義，不盡依錄原文。然尸子明云十有餘名而實一，乃今本爾雅分作二文，又增林烝龐墳二十餘名，一則見爾雅爲字書，猶後玉篇廣韻之代有增益。又一則見爾雅確爲先秦以來相傳之古書。尸子已引用之。由此二者，則雖有「張仲孝友，」「暴雨釋騷，」何害其爲後人所屬附哉！別詳漢書藝文志講疏。

韻書 即詩韻

昔沈約撰四聲今亡此書乃宋理宗朝平水劉淵作其時奉詔頒行名禮部韻略今相仍用之俗稱沈約韻誤也

（重考）北宋景德間，詔刪取切韻，曰韻略。景祐四年，詔刊修韻略，改爲禮部韻略。南宋劉淵王子新刊禮部韻略，即所謂平水韻是也。淸王鳴盛等咸以此書爲王文郁作，而劉取刊之云。元大德中，陰時夫兄弟刻韻府羣玉，卽今通行之詩韻。其四聲韻部大致本自沈約，非謂沈約作今之韻書也。

山海經

漢志不著撰人名劉歆校定表言禹定九州而益等類物善惡著此書皆聖賢之遺事古文明著者也以爲禹伯益撰致爲可笑經中言夏后啓殷王文王且言長沙零陵鴈門諸郡縣歆不知歟誰乎此蓋秦漢間人所作昔人已多論之矣

（重考）山海經一書，當分別觀之，五藏山經後有禹曰，「天下名山」云云，亦見管子地數篇，故劉歆定爲禹益作也。若海外以下等經，則非禹益書，多爲圖說之辭，其圖蓋卽禹鼎。又有周時說山海圖之文，則有湯文王葬所。漢所傳圖，則有餘暨彭澤朝陽淮浦等漢縣。後人往往據圖說雜出周漢地名，以疑此經。顏之推所謂「山海經禹益所記，而有長沙零陵諸陽諸暨」，此由未嘗分別觀之也。蓋古書往往有後賢說解增附合一，必當分別觀而後明也。

水經

隋志有兩水經一本三卷郭璞註一本四十卷酈善長註皆不言撰人名自舊唐志註云郭璞作新唐志云桑欽作宋崇文總目但云酈註四十卷亦不言撰人爲誰崇文總目作於宋景祐與新志同時不知新志何據以爲說也其經云濟水過壽張卽前漢壽良縣光武所更名又東北過臨濟卽狄縣安帝所更名又荷水過湖陸卽湖陵縣章帝所更名汾水過永安卽彘縣順帝所更名故知順帝以後纂敍也王伯厚曰其書言武侯壘又云魏興安陽縣註武侯所居魏分漢中立魏興郡又改信都從長樂則晉太康五年也又河水北薄骨律鎮城註云赫連果城則後魏所置也恆案漢儒林傳古時尙書塗惲授河南桑欽君長桑欽蓋成帝時人是書固不可言欽作卽謂郭璞又豈其然乎姚寬西溪叢語曰水經世以爲桑欽撰予案易水註云故桑欽曰易水出北新城西北東入滱自下滱易互受通稱矣又廣陽縣溪水亦引桑欽說且水經正文皆無此語其考核尤精然則桑欽固別有地理水道之書而水經者不知何人所作也又此桑欽亦非漢成帝時者使然不當見遺於漢志矣故晁氏謂使古有兩桑欽則可也

（重考）水經一書，歷古志記，莫能定爲何人所作，胡渭禹貢錐指曰「漢書地理志引桑欽者七，上黨屯留下云，桑欽言絳水出西南，東入海。平原高唐下云，桑欽言絳水所出。泰山萊蕪下云，禹貢汶水出西南，入沸，桑欽所言。丹陽陵陽下云桑欽言淮水出東南，北入大江。張掖删丹下云，桑欽以爲導弱水自此，西至酒泉合黎。敦煌效穀下云，本魚澤障也，桑欽說孝武元封六年，濟南崔不意魚澤尉，教力田以勤效得穀，因立爲縣名。中山北新城下云，桑欽言易水出西北，東入滱。今按儒林傳言塗惲授河南桑欽君長古文尙書，欽，成帝時人，班氏與劉歆皆崇古學，故有取焉。隋經籍志有兩水經，一，三卷，郭璞注，一，四十卷，酈善長注，皆不著撰人名氏。舊唐書始云郭璞作，新唐志遂謂漢桑欽作水經，一云郭璞作，今人云桑欽者，本此也。先儒以其所稱多東漢三國時地名，疑非欽作，而愚更有一切證，酈注於漯水引桑欽地理志，又於易水濁漳水竝引桑欽，其說與漢書無異，乃知固所引卽地理志，初無水經之名。水經不知何人所作，注中每舉本文，必尊之曰經，使此經果出於欽，無直斥其名之理。或曰欽作於前，郭璞附益於後，或曰漢後地名，乃注混於經，並非。蓋欽所撰，名地理志，不名水經。水經創自東漢，而魏晉人續成之，非一時一手作。故往往有漢後地名，而首尾或不相應，不盡由經注混淆也。」胡氏此說甚覈，遠愈於王應麟困學紀聞王褘水經序之說矣。然水經漯水下「桑欽地理志曰」六字，或謂爲「地理志桑欽曰」之誤，漢志固不著錄此書，則桑欽作地理志與否，尚屬疑問。總之，水經何人作，不可考知。意者水爲生生之源，出於社會自然之需要，故作水經者，亦莫知其誰始歟。

陰符經

出於唐李荃其云得於石壁中上封云上清道士寇謙之藏諸名山用傳同好於是荃詭爲黃帝所作後遇驪山老母說其玄義案此書言虛無之道言修鍊之術以氣作炁乃道家書必寇謙之所作而荃得之耳其云得於石壁中則妄也若云黃帝所作驪山老母爲之解說則更妄矣又相傳七賢註爲太

公范蠡張良諸葛亮諸人益不足辨或謂卽荃所爲亦非也褚遂良書之以傳於世又朱仲晦嘗註之而曰謂非深於道者不能吁不知其所謂道者何道也可慨也夫

（重考）陰符經僞書，褚遂良書跡，出明之中葉，僞託不足据，清四庫已言之。姚氏謂寇謙之作，亦不確。考隋志兵家有太公陰符鈐錄一卷，周書陰符九卷，皆不云黃帝，亦無與於道家。新唐志始有集注陰符經一卷，崇文目同。又有陰符經敍一卷。讀書志作七賢注陰符經，通考同。黃魯直嘗跋其後云「陰符出於李筌，熟讀其文，知非黃帝書也。蓋欲文其奇古，反詭譎不經，益糅雜兵家語，又妄託太公范蠡鬼谷張良諸葛亮訓注，尤可笑，惜不經柳子厚一揞擊也。」魯直此語，直斷爲李筌僞作，確不可易。朱子語錄亦稱「閭丘主簿進黃帝陰符經傳先生說握奇經等文字，恐非黃帝作，唐李筌爲之，聖賢語自平正，卻無蹺欹如許。」案朱子語極正當，而又作陰符經考異一卷，此老多事，大可不必。然唐志崇文目所載集注本，久已散佚，卽崇文目所稱陰符經敍，無伊尹注，而有惠光嗣等傳，亦與今本不合。惟晁氏讀書志馬氏通考所稱七賢注，卽今流傳之本也。抑且晁氏所引筌注，不見於今本蓋晁氏又別載有筌注一卷，不在此本，而其書已亡也。至今本稱驪山老母口授太虛山李荃疏，妄人作僞愈益可笑。

越絕書

隋志始有稱子貢撰或曰子胥竝妄也據篇末云以去爲姓得衣乃成厥名有米覆之以庚乃隱爲袁康字也又曰文屬辭定自於邦賢以口承天屈原同名云云隱爲吳平字康與吳平共著此書也楊用修曰此東漢人也何以知之東漢之末文人好作隱語如黃絹碑如孔融以漁父屈節水潛匿方云云隱其姓名於離合詩如魏伯陽以委時去害與鬼爲鄰云云隱其姓名於參同契此言良然胡元瑞謂伍子胥兩見漢志一雜家八篇一兵家十篇東漢人據二書潤飾爲此或有之

（重考）據本書末篇隱語，定爲後漢袁康所撰，吳平所定，確不可易。康平俱會稽人，然此書有漢志雜家之伍子胥八篇，羼雜其中。洪頤煊曰今本越絕篇次錯亂，以末篇證之本八篇，太伯第一，荆平第二，吳第三，計倪第四，請糴第五，九術第六，兵法第七，陳恆第八，與雜家伍子胥篇數正同，」（讀書叢錄）此說亦確不可易。蓋康平亦綴拾古書而成之，並變易標題，故其文字縱橫曼衍，頗類吳越春秋，而博奧偉麗，尚非趙長君所能及也。

有兩人共此一書名今傳者不知爲何人作者

吳越春秋

楊用修曰漢書趙曄撰吳越春秋晉書楊方亦撰吳越春秋今世所傳曄耶方耶

（重考）用修之說，不足據也。隋志新舊唐志讀書志通考俱載吳越春秋十卷，漢趙曄撰，曄字長君，生丁漢季，去古未遠，又山陰人，故其書大旨誇越之多賢，以矜其故都。惟所編乃內吳而外越，則又不可曉耳。若楊方所撰，隋志作吳越春秋削繁五卷，書名卷數，兩不相混，有何難辨，況其書已久佚耶。

有書非僞而書名僞者

春秋繁露

董仲舒撰十七卷八十二篇案漢志春秋類有公羊董仲舒治獄十六篇子儒家有董仲舒百二十三篇隋志春秋類始有董仲舒春秋繁露十七卷而子儒家別無所謂百二十三篇者本傳稱仲舒說春秋得失聞舉玉杯繁露清明竹林之屬數十篇顏註謂皆其所著書名前儒之辨此書者多矣茲不備錄總以旣名繁露而其中又有玉杯竹林二篇與史傳所言不合皆以爲疑未有決者惟胡元瑞曰隋志西京諸子往往具存獨仲舒百二十三篇略不著錄而春秋類突出繁露十七卷今讀其書爲春秋者僅十之四五其餘王道天道天容天辨等章率泛論性術治體至其他陰陽五行之譚尤衆皆與春秋不相蒙蓋不特繁露冠篇爲可疑併所命春秋之名亦匪實錄也余意此八十二篇之文卽漢志儒家之百餘篇者必東京而後章次殘闕好事者因以公羊治獄十六篇合於此書又妄取班氏所記繁露之名係之後人旣不察董子百餘篇之所以亡又不深究八十二篇所從出徒紛紛聚訟故咸失之

案元瑞此論雖屬臆測而實有理故存其說爰別列其書於此

(重考)漢志董仲舒百二十三篇，公羊治獄十六篇。後漢書應劭傳言仲舒作春秋決獄二百三十二事，當即漢志之十六篇。而仲舒本傳稱『仲舒所著，皆明經術之意，及上疏條教凡百二十三篇，而說春秋事得失聞舉玉杯蕃露清明之屬復數十篇，十餘萬言皆傳於後世。」疑復數十篇者，謂有複重數十篇也。以六韜即在太公三百三十七篇內，畢萬術即在淮南外三十三篇內例之，漢志以統名包別目者甚多，吳承志謂春秋繁露即在仲舒百二十三篇內者，蓋是也。況漢志省除複重，宜不見繁露諸篇之目也。更考西京雜記言「董仲舒夢蛟龍入懷，乃作春秋繁露」，據此，則繁露雖一篇名，而實仲舒著名得意之作，宜乎隋唐志以下，不以仲舒名書，而以春秋繁露名書，或後人捃集董書，綴緝叢殘，卽以篇名總題全書，亦未可知。胡應麟之說，洵非無理，但考之猶未審耳。

東坡志林

錢牧齋曰馬氏經籍考東坡手澤三卷陳氏以爲卽俗本大全中所謂志林也今志林十三篇載東坡

後集者皆辨論史傳大事志林則皆瑣言小錄雜取公集外記事跋尾之類捃拾成書而謬偽者亦闌入焉恆案俗因東坡志林而又有米元章志林以謬傳謬尤可笑也

（重考）東坡志林，陳直齋書錄解題著錄。蓋東坡隨筆記載，未及成書，後人蒐輯墨迹爲之，故名曰手澤。刻大全集者，又嫌其名有似父之意，故易名曰志林。今學津討源本首卷題明湯雲孫輯，則又取集本，重加增訂，故宋本三卷而此本五卷也。其書皆記東坡自元豐至祥符二十餘年中，身歷之事，大抵多小品簡札，具有名理。而末一類，論古十三篇，斷制分明，行文亦汪洋恣肆，善學莊子，昔人所謂海外文字者也。錢牧齋之說，本不足取，姚氏列諸此處，亦爲未合。

有未足定其著書之人者

國語

漢志國語二十一篇不著撰人名史遷曰左丘失明厥有國語傳玄劉炫啖助陸淳皆以爲與左氏文體不倫李仁父曰丘明將傳春秋先采集列國之史獵其英華而先采集之稾具存時人傳習之號曰

國語故辭多枝葉不若內傳之簡直峻健甚者駁雜不倫蓋由列國史材不能純一故耳不然丘明特爲此重複之書何耶惟本朝司馬温公父子能識之此雖近是然終屬臆測耳

(重考)史遷既云「左丘失明，厥有國語，」班固亦曰「孔子因魯史記而作春秋，而左丘明論輯其本事以爲之傳，又纂異同爲國語，」乃至韋昭曰「丘明復采錄前世穆王以來，下訖魯悼智伯之誅，以爲國語，其文不主於經，故號曰外傳，」史通六家篇稱「左丘明既爲春秋內傳，又稽其逸文，纂其別說，分周魯齊晉鄭楚吳越八國事，起自周穆王，終于魯悼公，別爲春秋外傳國語，合爲二十一篇，其文以方內傳，或重出而小異，此亦六經之流，三傳之亞也。」是漢唐史家論定左丘明作國語，而姚氏猶綴拾浮談，深以爲疑，非庸人自擾邪。

孫子

此書凡有二疑一則名之不見左傳也史記載孫武齊人而用於吳在闔閭時破楚入郢有大功左氏於吳事最詳其功灼灼如是不應遺之也葉正則曰自周初至春秋凡將兵者必與聞國政未有特將

兵於外者六國時此制始改孫武於吳爲大將乃不爲命卿而左氏無傳焉可乎其言尤是一則篇數之不侔也史遷稱孫子十三篇而漢志有八十二篇後應少於前何以反多於前乎杜牧註所傳者十三篇後少於前矣然何以又適符於前之前耶杜牧謂武書數十萬言魏武削其繁剩筆其精粹以成此書然則仍是漢志之八十二篇而非遷傳之十三篇矣故曰可疑也梅聖俞亦嘗註是書曰此戰國相傾之說也葉正則祖述之爲說曰春秋末戰國初山林處士所爲其言得用於吳者其徒夸大之說也其言闔廬試以婦人尤爲奇險不足信今姑存梅葉二君之說以釋左傳不載之疑可也然則孫武者其有耶其無耶其有之而不必如史遷之所云耶其書自爲耶抑其後之徒爲之耶皆不可得而知也故入之未定其人例中若夫篇數其果爲史遷之傳而非曹瞞之删漢志八十二篇或反爲後人附益劉歆宏任輩不察而收之耶則亦不可得而知也

（重考）史遷之言致塙，後之人失攷。孫詒讓曰「漢志吳孫子兵法八十一篇，圖九卷，史記孫武以兵法見於吳王闔閭，闔閭曰「子之十三篇，吾盡觀之矣。」與今本同。畢以珣孫子敘錄，謂十三篇在八十一篇內，是也。呂氏春秋上德篇高注，云孫武，吳王闔閭之將也，兵法五千言是也。今宋本曹注孫子，凡五千九百一十三字，高蓋舉成數言之。」準此以談，則唐宋以來一切悠謬之言，皆可掃除矣。別詳漢書藝文志講疏。

劉子新論

袁孝政作序稱劉晝唐志十卷稱劉勰人或謂卽此書然篇目不類或又云劉歆劉孝標

（重考）隋志雜家楊偉時務論十二卷注，引梁有劉子十卷亡，當卽此書。修隋志者必聞其緒言，故九流一篇，與隋志子部所論相同。特南北混一之際，此書僞佚，至唐代復出。袁孝政序曰「劉晝傷己不遇，天下陵遲，播遷江表，故作此書。時人莫知，謂爲劉勰，或曰劉歆劉孝標作。」孝政唐人，定爲劉晝孔昭，必有所據。故宋志讀書志書錄解題通考玉海（五十三）俱從之。兩唐志俱題劉勰者，卽孝政所謂時人莫知，謂爲劉勰劉孝標也。勰所著文心雕龍，體格既異，宗旨亦殊。惟孔昭號稱名儒，是書雜論治國修身之道，不失爲儒者之言。北史本傳有孔昭所撰金箱璧言，或即此書歟。至播遷江表之說，與傳不合安知非史册失載。即據傳稱其綴輯詞藻，言甚古拙，並疑此書，非其所能，亦非篤論。蓋孔昭之才，本不嫺詩賦，既爲邢魏所笑，而耳食者遂過甚其辭耳。至名曰新論，當出程榮何鏜輩，誤改從桓譚之書名，非其實也。王昶春融堂集有是書跋，斷爲明人僞撰，可謂失攷之甚。

化書

通考載僞唐宋齊丘子嵩撰宋景濂以爲譚峭景升作齊丘竊之據仙傳譚景升以化書授齊丘曰是書之化其道無窮願子序之流於後世其後齊丘因奪爲己有而傳之遂不得其死恆案仙傳之說亦未可遽信迄莫能定也

(重考)宋碧虛子陳景元跋，亦用仙傳之說，當爲不誣。崇文總目尙題譚峭撰，讀書志書錄解題通志通考宋志則俱誤作齊丘撰矣。張文潛未嘗題其後云「化書雖皆淺機小數，亦微有以見于黃老之所謂道德也。文章頗高簡，有可喜者」云云。

重考古今僞書考卷四終